日语教学理论与发展路径研究

唐晓红　著

天津出版传媒集团
天津科学技术出版社

图书在版编目（CIP）数据

日语教学理论与发展路径研究 / 唐晓红著. -- 天津:
天津科学技术出版社, 2023.6

ISBN 978-7-5742-1194-0

Ⅰ. ①日… Ⅱ. ①唐… Ⅲ. ①日语－教学研究 Ⅳ.
①H369.3

中国国家版本馆CIP数据核字(2023)第093249号

日语教学理论与发展路径研究
RIYUJIAOXUELILUNYUFAZHANLUJINGYANJIU
责任编辑：刘　鸫
责任印制：兰　毅

出　　版：天津出版传媒集团 / 天津科学技术出版社
地　　址：天津市西康路 35 号
邮　　编：300051
电　　话（022）23332377
网　　址：www.tjkjcbs.com.cn
发　　行：新华书店经销
印　　刷：天津市宏博盛达印刷有限公司

开本　787×1092　1/16　印张 6.5　字数 280 000
2023 年 6 月第 1 版第 1 次印刷
定价：70.00 元

前言 Preface

一直以来，我国坚持对内改革，对外开放，并取得良好的效果。随着全球化的发展，我国与世界各国之间的经济交流、文化合作也越来越密切。日本是我国一衣带水的邻邦，也是我国合作与交流的对象，两者之间更是有着两千多年的交往历史。在中日两国交往过程中，中国和日本在科技创新、文化繁荣、教育改革、资源开发等方面相互借鉴，相互学习，这对中日友好关系的形成、中日持续发展具有十分重要的意义。现如今，中日两国交流与合作已进入常态化，中国更是重视日资企业的引入。从本质上而言，中国与日本之间的交流属于跨文化交际。在跨文化交际中，语言媒介的重要性不言而喻。日语虽然是小语种，但在中日合作、交流中发挥着至关重要的作用。随着日资企业在中国的不断扩大，日语人才的竞争越来越激烈。我国必须重视日语人才的培养。在众多日语人才培养路径中，日语教学是最直接、最有效的路径。我国已在很多学校增设了日语专业，并给予日语教学高度重视。

日语教学是日语教师根据学生的实际需求，采取多样化手段，对学生施加有计划的影响，以促进学生知识学习、技能提高的实践活动，为日语专业人才的培养提供了保障。日语教学的开展离不开语言学、心理学、教育学、社会学、哲学等学科理论的指导。这些学科理论为日语教学的发展奠定了基础。

随着高校的扩招，日语专业毕业生的数量显著增强，就业压力也在不断增加。在这种背景下，社会对日语专业人才的要求越来越高。传统的日语教学在教学理念、教学内容、教学路径等方面存在着很多问题，已不能适应当今教育改革的发展。因此，日语教学必须不断革新和发展。这就要求日语教师不断探索日语教学革新的理念，思考日语教学发展的路径，从而为日语教学的发展提供多元化路径。基于此，笔者在总结前人研究成果及自身多年教学经验的基础上系统梳理了日语教学及发展路径的相关知识，并编纂了此书，以期能够为日语教学及其发展路径研究提供有益借鉴。

本书共分五章。第一章主要在阐述日语课程的基础上，解读日语教学的概念，分析了日语教学的任务，论述了日语教学的影响因素，阐述了日语教学的基本原则，同时还系统论述了日语教学的理论基础，为日语教学发展及路径研究提供了理论指导。第二章到第五章主要从多个层面对日语教学的发展路径进行了探索。具体而言，分析了情境教学的理论知识，探讨了日语情境教学的具体问题，并提出了相应的路径；阐述了日本文化，以及文化对日语教学语境构建、听说读写译教学发展的引领；探讨了生态理念下日语教学的理论基础，以及日语教学课堂的生态平衡观，并提出了生态理念指导下日语教学发展的路径；从微博、慕课、翻转课堂、雨课堂等信息化手段论述了信息化手段对日语教学发展的辅助，为日语教学发展路径研究拓宽了思路。

总之，本书涉及日语教学的理论阐述，同时探讨了日语教学的发展路径，为日语教学发展路径研究提供了多种思路。在写作过程中，笔者查阅了很多资料，吸收了很多与之相关的最新研究成果，借鉴了大量学者的观点，在此表示诚挚的感谢！由于时间仓促，再加上笔者能力有限，书中难免存在不足或遗漏之处，请广大读者批评指正。

目录
Contents

第一章　日语教学概述

随着经济全球化的不断发展，各个国家之间的文化交流和贸易往来日渐频繁。日语在当前国际交流中扮演着重要的角色，因此各大高校对日语教学的重视程度在不断增加。本章主要对日语教学的基础知识进行了系统论述。

第一节　认识日语课程与日语教学

一、日语课程诠释

（一）课程的概念

从广义上讲，课程是指学生在学校获得的全部经验。其中包括有目的、有计划的学科设置、教学活动、教学进程、课外活动以及学校环境和氛围对学生的影响。[①] 也就是说，广义的课程除了学校的课程表所表示的正式课程外，还包括学生的课外活动及对学生产生潜移默化影响的校园文化。

从狭义的角度来说，课程是指各级各类学校为了实现培养目标而开设的学科及其目的、内容、范围、活动、进程等的总和，它主要体现在课程计划、课程标准和教科书中。[②] 除此之外，就目前的教育教学的发展而言，课程还是教学理论、教学方法以及教育技术的具体体现。因此，课程既是一个广义的概念，又是一个狭义的概念，这才是对课程概念较为全面的理解。在了解了课程概念之后，人们还应对课程的本质有一个基本的认识。

---

① 黎翔．教育学［M］．北京：航空工业出版社，2014：118.

② 马志颖．当代课程与教学论［M］．上海：上海交通大学出版社，2020：3.

（二）日语课程设置的原则

1. 分科与综合相结合

课程的分科和综合在不同历史阶段有不同的意义。古代课程偏重综合，近现代课程重视分科，当代课程有向综合化发展趋势。划分分科还是综合的界限不仅仅在于课程内容上，更在于课程的目标与追求。分科课程追求的是学生掌握不同门类的理论知识及其系统，不强调独立课程外的知识间的相互联系。例如，日本文学史课程忽视日本的历史背景，只从文学流派发展过程设计课程。综合课程突出和强化的是课程之间的联系，能够让学生全面、整体认识各学科之间的内在联系。分科课程和综合课程有各自的独立价值，但是二者的联系是绝对的，独立是相对的，分科的彻底取消和分科的唯一论都不可取，缺乏综合和缺乏限制的综合都不适当。就课程和学习者的认知而言，同时包括分化和综合的课程设置才是合理的。就日语课程改革而言，增强课程的综合化，发展一体化课程是改革的重要任务之一。

2. 将直接经验和间接经验相结合原则

日语学习既是知识的学习，也是技能的学习，课程本身是以间接经验形式存在的，但是学生需要具体参与实践才能完成“从概念到经验”的转变。直接经验不仅是感性经验，还可以发展到更高层级的认识水平，所以鼓励学生积极参与语言实践不能仅停留在课堂练习、课外活动上，更要体现在课程设置上，改变既有的课程传统，协调好知识传递课程与实践性课程的关系，这样将更有效地提高学生的发展水平。这个原则体现在日语课程建设上，就是合理设置实践型课程、知识型课程，改变“只有教学过程重视实践，课程设置轻视实践”的现状，让学生在实践中成长。①

3. 人文精神与科学精神相结合原则

人文主义课程或者课程中的人文主义主张：在课程的目的上，重视人，崇尚个性；在课程内容上，提倡广泛的课程范围；在课程的实施过程中，充分地尊重、热爱学生。也就是说，人文主义课程观就是课程的功能是要为每一个学习者提供有助于个人自由发展的、有内在激励的经验。科学主义的课程主张：在课程目的上，强调科学本身的价值和力量，课程要为发展服务；在课程内容上，提倡和推崇科学，重视各门学科知识在学校教育课程体系中的地位，不断增加科学内容、吸收科学发展新成就；在课程实施上，对于方法和形式同样讲究科学性和效率，即使关注学习者的个体兴趣、爱好、差异，也是从获得好的

---

① 郭晓雪．互联网+时代的日语教学模式探究［M］．北京：北京工业大学出版社，2019：5.

学习成果出发，而不是从学习者的个性发展需要本身出发。

课程改革的一个重要任务不是要克服某一方面的弊端，也不是仅仅协调好二者的关系，而是在两个方面都要进行“基本建设”，在课程中同时加强人文精神和科学精神。在日语课程建设方面，需要加强专业知识的科学选择、传递，更要关注学生个性化成长需求和人文素养的提升。

二、日语教学诠释

日语是指日本民族使用的语言以及与语言交际息息相关的社会文化知识。日语教学是关于日语语言知识与技能的教与学的活动，具体指教师指导学生学习日语语言文化知识，掌握日语听、说、读、写等能力以及汉日语言互译能力、跨文化交际能力，同时帮助学生获得一定的身心发展，形成一定的思想品德的活动。[①] 学校的日语教学通常是在一定的教学目标指引下，按照既定的教学计划和大纲，采用符合教学目标和教学对象实际的教科书，在具有日语教学技能、日语知识和日语能力的教师的具体指导下，针对特定的教学对象实施的活动。

第二节　日语教学的任务与影响因素

一、日语教学的任务

日语教学的一般任务是各教育学段、各学科共同的发展趋势、努力方向及统一的基本任务：面向全体学生，贯彻德智体全面发展的教育方针，实施以思想道德教育为核心的素质教育，培养社会主义接班人。

日语教学的特殊任务主要是使学生掌握日语学科在各个学段需要掌握的、其他学科无法替代的知识、技能及与之相关的各种能力。一般任务与特殊任务的关系是，一般指导特殊，特殊体现一般。一般任务的制一般任务的制定和特殊任务的制定都是重要的，轻视任何一个方面都是错误的和有害的。

1. 日语教学任务的科学性

日语教学论指导日语教学实践，其提出的教学任务应该符合教学规律，具

① 王琪. 日语教学理论及策略［M］. 北京：外语教学与研究出版社，2017：28.

有合理性、科学性，帮助教学一线人员提高认识，更新教学理念。

第一，日语教学任务与其他教学任务，甚至其他各领域的任务一样，必须是主观与客观相结合、必要与可能相结合的产物。日语教学提出的任务，是在所处时代、国家、学校必须实行和可能实行的。因此，在提出日语教学任务时，需要先思考：实现这样的任务需要哪些条件？随着社会发展和科学进步，会出现哪些新的可能性？在认真思考这些问题的基础上，再提出日语教学任务会比较切合实际，完成任务的可能性也会比较大。

第二，日语教学任务是教育方针总目标与日语教学实践相结合的产物。教育方针是国家提出的、各学科实施教学时都必须遵循的。如促进学生德智体全面发展就是各个学科、各个阶段教学的共同任务。同时，日语学科有自己的特点和特殊性，与其他学科不同的教学内容和方式。如日语学习总要掌握“五十音图”，了解日语的言语行为特征、学习运用日语的方法等，而这些是其他学科没有，也不一定涉及的。在明确了国家教育方针总目标的前提下，结合日语教学实践，才能实事求是地提出日语教学任务，贯彻、实施日语教学任务时也会提高自觉性、减少盲目性。

第三，日语教学任务是外部要求和教学内部规律相结合的产物。从外部看，日语教学任务总要反映一定社会、生产和科技发展的需求，这是历史唯物主义的基本原理。从日语教学内部看，知识与技能、语言能力和文化素养、思想品德与世界观之间都存在必然联系，而且在一定的条件下互相作用、互相制约，在许多情况下相互为用，相得益彰。正确认识这一点，有助于我们在研制日语教学任务时形成整体观念。日语教学具有教育性，即日语教学总会对学生的某种观点、道德精神产生影响。这是教学重要的规律，古今中外无一例外。

2. 日语教学任务的具体化

日语教学任务，无论是一般任务还是特殊任务都不应该是抽象的，而应该是具体的、可实施的。要提出具体、可实施的任务，就要设置相应的课程，在教学大纲中规定日语学科的具体任务。日语学科的一般任务需要在教学内容、教学方法等一系列环节上具体化。如果一方面提出发展智力的任务，却只考查学习成绩而不考查能力，任务的实施就会落空。在提出任务的同时，阐明各项任务以及执行任务时各项措施之间的具体联系也很重要。①

另外，根据形势发展和新的教学经验，不断丰富一般任务和特殊任务的具体内容也是非常必要的。例如，根据世界新技术革命和我国历史新时期的要求，根据国内外教学改革实验的成功经验，许多学者提出一些新内容应该列入

① 唐磊. 日语教学论［M］. 南宁：广西教育出版社，2019：7.

教学任务，如培养学生的创造性、独立性、首创精神；保护学生的个性特点，注意学习动机、求知欲；培养学生的学习态度、自学能力，掌握学习方法等。这里预示一个问题，就是教学的一般任务和特殊任务会随着形势发展和教学经验的累积，内容越来越丰富、具体。当然，新的研究成果和时代需求可以丰富我们的认识，但是不是就得采取增加项目的办法来解决问题呢？趋势恐怕不是简单、无限制地增加项目，而应该是提高越来越丰富的、具体的教学内容的概括程度，且项目不宜过多。

二、日语教学的影响因素

（一）教师因素

教师是日语教学的重要因素，在日语教学中起着主导作用。在日语课堂上，教师主要充当两种角色，即掌控者和引导者。作为一名合格的日语教师首先应该具有纯正的发音。然而，并非所有的日语教师都具有纯正的发音，所以教师可借助广播以及多媒体等手段来弥补自己的不足，确保学生在课堂上所听的内容都是纯正的。同时，教师在讲解单词、句子、课文时，应该穿插一些解释，对难懂的词语要不断重复讲解。在多数日语课堂上，教师的讲话占据课堂大部分的时间，不可否认，教师的讲话有利于学生的语言习得，但也不能因此牺牲掉学生的练习时间。同时，教师、还要注意不断变化教学的形式，以增强课堂的趣味性。一位合格的日语教师还应具有一定的应变能力，能预测课堂活动中出现的状况，能很好地处理课堂上的突发事件，确保课堂活动的有序开展此外，教师应该随时调整自己的提问方式、语言运用、提供反馈的方式。在日语课堂中，提问是教师常用的一种教学手段。通过提问，可以有效激发学生的学习兴趣，促使学生积极思考，帮助教师对某些知识结构进行诱导。

（二）学生因素

1. 语言学习观念

语言学习观念指的是学生对语言学习的看法和观点。学习观念是影响学生学习的最重要的内在因素之一，通过对大量日语教学实践研究表明，成功的语言学生对于自己的学习策略和学习方法的选择、自身的知识水平等都有深刻的认识，因此能够针对不同的语言学习任务选择合适的语言学习方法和策略，以便于快速高效地完成任务。不成功的学生则对于任务的完成抱有一种消极的心态，这样也不利于其学习策略的选择和任务的完成。

2. 智力水平

与学习潜能一样，智力也属于人认知层面的能力。所谓智力，是指具备高度的观察力、想象力、记忆力及逻辑思维能力的综合，对培养抽象思维、习得语言、解决问题具有重要的意义。而智力水平是学生本身智力所能达到的程度，它对于日语教学也有着深远的影响。

在日语教学中，教师对学生的智力水平情况有一个清晰的把握，有助于运用恰当的方法传授给学生日语学习的策略和技巧。同样，学生自身对自己智力水平有明确的了解也有助于自身日语学习方法的形成，并将这些方法灵活地运用到实际情况中，顺利地进行交际。

3. 学习动机

学习动机就是通过激发学生的学习活动，使学生朝着既定的目标或方向努力的一种心理状态，它直接推动学生不断培养自身学习方法，提升自身的日语水平。

学习动机对于日语教学和学习也有着重要影响。如果某位学生的学习动机较为强烈，那么就说明他们有着明确的学习目标，对日语学习也有着强大的积极性。相反，如果某位学生的学习动机较弱，那么他们在学习上就没有太大的积极性，也不会收到好的学习效果。可见，学习动机是影响学生日语学习的关键。

（三）教学媒体因素

随着科技的发展，尤其是信息技术和数字化声像技术的发展，多媒体应运而生。网络教学、多媒体教学等成为新的日语教学形式。远程网上教育、虚拟大学、虚拟图书馆如雨后春笋般涌现，层出不穷，互联网的日语教学组织逐渐增多，国际交流日趋频繁，这些都大大提高了日语教学的效率及教学质量，成为日语教学中的重要教学媒体。

网络日语教学实现了适应学生个性的教学：通过网络发布课程内容，学生可以通过网络学习日语、完成作业、参加考试；学生可以在网上参加日语教学有关内容的讨论、向教师咨询等。多媒体教学可以优化日语教学结构，为学生提供更优的学习实践环境，从而全面提高课堂教学效率。多媒体课件克服了传统教材的静态性特点，具有动态性，能集成文字、图像、影像、声音及动画，具有良好的交互性。学生不仅可以听到地道的语音、语调，还可以直接看到对话的情景以及说话人的表情、动作、神态等，从而有利于学生理解、吸收与模仿所接触的语言，对培养学生的学习兴趣和提高日语素质都具有积极的作用。

第三节　日语教学的基本原则

一、正确处理汉语与日语关系的原则

众所周知，外语教学法视其对母语的态度分为两大学派：翻译法和直接法。翻译法充分发挥母语在外语学习过程中的作用；直接法在外语学习过程中完全排斥母语。在日语教学过程中，如何处理好作为母语的汉语和日语的关系，直接影响教学方法的选择和教学效果。

语言是约定俗成的，语言具有民族性和科学性。语言学上日语和汉语属于不同的语系，汉语属于汉藏语系分析语，有声调。汉语的文字系统——汉字是一种意音文字，表意的同时也具备一定的表音功能。而日语属于黏着语，通过在词语上粘贴语法成分来构成句子，称为活用，其间的结合并不紧密，不改变原来词汇的含义只表示语法功能。两种语言都属独立的语言，截然不同。但是，另一方面，中日两国的交流源远流长，日语的文字起源于汉语的偏旁部首和草书体，日语的许多词汇来源于汉语，汉语和日语在语音、语调、词汇、品词概念、句子结构等方面都有相同或相似之处。按照外语教学重在培养学习者外语思维能力的观点出发，日语教学要尽量克服母语的干扰，但是，有这么多一致性的两种语言对于外语学习者来说，既有正面的影响，也有负面的作用。这就需要切实处理好母语与日语的关系。在日语教学过程中，切实有效处理好母语与日语的关系，对于教师有以下基本要求：

1. 有效利用汉语的正迁移作用

语言迁移是指母语的影响进入第二语言的习得，包括语言上的影响，如语音、语汇、语法、语义等方面的影响。语言迁移还包括语言之外因素的影响，如思维模式、文化传统、社会历史等方面的影响。中国的日语学习者在日语学习过程中，首先要解决的是母语汉语的语言迁移问题。提到学习迁移，在日语学习之前，许多中国学生第一外语学习了英语。应该看到，这种东西方文化差异很大的语言学习，开拓了学习者跨文化学习的能力。日本近代以后大量引进西方文化，语言词汇中也有大量的外来语。在学习迁移中，教师也应该关注到英语学习对日语学习的迁移作用。

2. 努力克服母语的干扰作用

中日语言的相近性可以为中国的日语学习者学习日语带来便捷，也会带来困扰。首先，日语中虽然使用大量的汉字，但是有些日语汉字的语义已经与现代汉语的意义截然不同。此外，日语中的长短音、促音、浊音等发音是汉语中所没有的。汉语的语序是“主—谓—宾”结构，日语是“主—宾—谓”结构，谓语在句子末尾，对于习惯汉语表达方式的学习者来说，语言思维的转换是学习的最大困难。日语的句子成分在句子中的作用和地位是由助词来决定的，语序不决定语义，这些都与汉语有很大差异。学习者在语言规则的认识、掌握、熟练过程中，必然会遭遇到母语的强烈干扰，所以，在初学者乃至于学习很长时间日语的学习者身上，总能发生“汉语式日语”的情况。此时，教师的指导就能发挥积极作用。

在日语教学过程中，教师在排除母语干扰方面要选择好的材料，合理分配时间，安排好教学重点，精心设计练习体系，教授时需要“提点学生”，不必要展开分析，不能在有限的课堂教学时间内全力专注于区分汉语、日语，要引导学生有目的、有计划地克服母语的干扰。①

3. 把握母语使用原则

分析一般外语学习者能在有限范围内用外语思维的原因，可以得知，这不是从学习初始就排斥母语的结果，而是反复操练和反复使用外语进行真实交际的结果。学生学习和使用日语语言必然要经历两个阶段：一是日汉、汉日的翻译过程，这是学习的初级阶段；二是完全用日语思维，排除翻译的过程，这是学习的高级阶段。学生在掌握外语过程中，总要经历“自觉到不自觉”的过程，也就是先借助母语作为外语与概念的中介来学习和使用外语，而后逐渐摒弃这个中介，在外语和概念之间建立起直接联系，这是使用外语的内部心理机制的一个质的变化。掌握外语的过程就是实现飞跃的过程。而要实现飞跃，关键在于反复实践。

学习者在控制使用母语翻译过程中，有积极和消极两种类型：自我调控能力强、能自觉训练排除母语翻译过程的学生，进步快，口语能力强，语速快，属于积极的类型；反之，是消极类型。为促进学生抛开母语中介，达成学习质的飞跃，教师需要引导学生在听力、会话、阅读、写作过程中逐步养成“直读直解”的习惯，并引导学生学会用日语思维。同时教师在课堂上尽量不说或者少说汉语。另外，直观释义法或者日语解读法都是有利于克服母语干扰、

---

① 程青，张虞昕，李红艳．日语教学理论与实践模式研究［M］. 长春：吉林人民出版社，2019：24.

培养日语思维能力的有效教学方法。

在教学过程中，对待母语汉语既要控制使用又要利用。翻译法只讲利用不讲限制，直接法只讲限制不讲利用，两者都具有片面性。可以说，用翻译法释义是最节省时间的授课手段，但是，它并不是最理想的手段。由于语言并不是一一对应的，翻译释义容易引起学生片面理解词汇意义，造成语义误读。所以，无论是从语言思维的培养角度还是从准确认知并正确运用语言的角度而言，日语授课都是十分重要的。

二、灵活性原则

在日语有效教学中要遵循灵活性的原则，具体而言就是要在教学方法、学生学习和语言使用方面做到灵活多样，富有情趣。

1. 教学的方法要有灵活性

在日语教学过程中，教师要结合教学内容、综合学生以及教师自身的特点，创造性地开展多种多样的教学活动，充分体现教学方法的多样性和创新性，使日语课堂新鲜有趣，从而激发学生学习日语的热情，培养学习的兴趣，挖掘学生的潜能。

2. 语言的使用要有灵活性

学习语言的最终目的是交流沟通。日语作为一种交际工具，关键在于使用。教师要通过自身灵活的使用日语带动影响学生使用日语。在课堂教学中，教师应尽可能多地使用日语组织教学，如用日语讲解、用日语提问、用日语布置作业等，使学生感到他们所学的日语是活的语言。教师还可以通过具有灵活性的作业使学生灵活地使用日语，作业的布置应侧重实践能力，如可以让学生用磁带录制口头作业，让学生轮流进行值日报告，陈述、评议时事、新闻等。通过以上种种措施加强语言使用的灵活性。

三、激发动机的原则

无论是在日语教学中还是在其他形式的教学中，如果没有教师的主导作用，学生是难以自行达到掌握陌生语言文化知识和技能任务的。教师对于教学任务能否完成和教学效果的优劣都负有主要责任。然而，学生才是教学活动的主体。教师的主导作用首先在于激发学生的求知欲和学习兴趣，建立积极的日语学习动机，使他们能够自觉主动地学习。离开了这一点，学生对于语言知识和技能的真正掌握、学生智力的发展、学生态度感情的成熟和提高都是不可能的。

学习动机是推动学生进行学习活动的内在原因，是激励和指引学生学习的强大动力。其心理因素包括：学习的需要，对学习必要性的认识及信念；学习兴趣、爱好或习惯等。从事学习活动，除要有学习的需要外，还要有满足这种需要的学习目标。由于学习目标指引着学习的方向，所以可把它称为学习的诱因。学习目标同学生的需要一起，成为学习动机的重要构成因素。激发学生的学习动机，对教师有如下要求：

第一，采取启发式教学、讨论式教学、辩论式教学等新颖而生动的教学方法，激发学生参与语言实践活动的意识，提高其语言应用能力和水平。

第二，创设问题情境，启发学生积极思维。为此，教师要熟悉教材，掌握教材的结构，了解新旧知识之间的内在联系，还要了解学生已有的认知结构状态，使新的学习内容与学生已有发展水平构成一个适当的跨度。创设问题情境的方式可以多种多样，它既可以用教师设问的方式提出，也可以用作业的方式提出；它既可以从新旧教材的联系方面引入，也可以通过学生的日常经验引入。在教学过程和教学结束时，也可以创设问题情境。除此之外，问题情境创设，应该贯穿于整个教学过程中。

第三，在对学生进行评价时，奖励和惩罚对于学生动机的激发具有不同的作用。一般而言，表扬与奖励比批评与指责能更有效地激发学生的学习动机，因为前者能使学生获得成就感，增强自信心，而后者恰恰起到相反的作用。教师要针对不同对象把握有效的奖惩尺度，维护好学生的学习动机。

四、创设语境原则

在中国开展日语教学活动的特点之一在于它是一种间接认识，学生在教学中是以学习书本知识为主。生活中的语言是鲜活的，有时候语言规则也不能完全解答现实中所使用的语言现象，更何况作为外语的日语语言与学生的生活和他们自己的个人经验存在相当的差距，有些甚至是完全陌生的。而人的认识总是从感性上升到理性，从具体过渡到抽象，完全没有感性认识和具体形象做基础和支撑，是不可能真正掌握语言概念和文化背景知识的。由于书本知识与学生之间客观存在的距离，学生们在学习和理解的过程中必然会发生各种各样的困难和障碍，创设多种形式的语言环境和语言学习环境，对学生的成长有重要意义。创设语境可以采取如下措施：

（1）实物直观。实物直观是通过实物进行的，即直接将对象呈现在学生面前。在跨文化学习平时生活中比较生疏的内容时，实物直观能够最为真实有效和充分地为学生提供理解、掌握所必需的感性经验。

(2) 语言直观。语言直观是教师运用自己的语言，借助学生已有的知识经验进行比喻描述，引起学生的感性认识，达到直观的效果。与前两种直观相比，语言直观可以最大限度地摆脱时间、空间、物质条件的限制，是最为便利和最为经济的。语言直观的运用效果主要取决于教师本人的素质和修养。

(3) 完善教学条件设施。在科学技术高度发达的当代，日语教学外部环境已经达到一个相当的水平，日语教学所需要的图书情报资料、影像设备、网络媒体资源为创设语言学习环境提供了可能。

在日语教学中切实有效创设好语言环境和语言学习环境，对于教师有以下基本要求：

第一，恰当地选择直观手段。教学课程内容、目标不同，教学任务不同，学生年龄特征不同，所需要的直观手段也不同。

第二，直观是手段而不是目的。一般地说，在教学内容对于学生比较生疏，学生在理解和掌握上遇到困难或障碍时，才需要教师运用直观手段。为直观而直观，只会导致教学效率的降低。

第三，在直观的基础上提高学生的认识。直观给予学生的是感性经验，而教学的根本任务在于让学生掌握理论知识，因此教师应当在运用直观时注意指导，比如通过提问和解释鼓励学生细致深入地观察，启发学生区分主次轻重，引导学生思考现象和本质及原因和结果等。

第四，合理选择教学优质资源，应用最有利于学生理解、掌握教学内容的教学技术手段和教学方法，不走形式，不浪费宝贵的课堂教学时间。

五、真实性原则

1. 采用语用真实的教学内容

教学内容不仅包括课文教材，还包括例句、课内外训练材料和练习等所有供学生学习的材料。真实的教学材料可以让学生接触真实自然的语言，了解交际话语和背景文化，并能在课堂活动和社会交际之间建立联系，使学生领会到所学习的语言材料就是现实生活中可能发生的语言交际。因此，日语教师在开始教学前应从语用的角度认真分析课文，不仅分析课文语句的结构意义，更要着重把握语句的语用意义，了解语句使用的真实语境，研究语句中包含的情感、态度、语气、意图等，准确把握课文中所有语句的真实语用内涵，同时编写或者从已有的教学用书中选择语用真实的教学例句和课内外练习。这样就可以在教学前指向语用教学，而且明确指向以培养运用日语能力为目的的语用教学，从而保证学生能够获得语用真实的日语运用能力。

2. 设计或组织语用真实的课堂教学活动

日语课堂教学是通过一系列的课堂教学活动来完成的。在日语课堂教学中，呈现、讲解、训练、巩固等课堂教学活动都要与语用能力培养密切相关。对学生语用能力的培养要贯穿于日语教学的全过程，融于语言学习其他各环节的学习和训练之中。在这些教学活动中，日语教师应基于语用真实的指导思想来设计和组织教学活动。在进行呈现和讲解时，不仅要呈现、讲解教学内容的真实语义，还要明确呈现、讲解教学内容的语境和言外之意。

3. 编排语用真实的教学检测评估方案

对于教学来说，教学检测评估起着很大的反馈作用。通过设计编排语用真实的教学检测评估，可以发现学生的语用能力还存在哪些不足之处，从而调整和改进教学，特别是对关于学生语用能力培养方面的教学，能起到更直接、快捷、有效地培养学生运用日语的能力的作用。

教学检测评估题既要符合测试的基本原理，更要注重测试的运用能力；不仅要语义真实，更要语用真实，否则就会误导教学，不利于学生日语运用能力的培养。语用真实会引导学生在学习中更自觉地去把握学习内容的真实语用内涵，从而进一步强化学生获得运用日语能力的自我意识，而这必将促进学生更有效地获得运用日语的能力。

第四节　日语教学的理论基础

一、二语习得理论

（一）二语习得理论阐释

目前对我国二外教学影响最深的当属克拉申的二语习得理论。克拉申的二语习得理论将二语习得过程分为二个步骤，第一步是“习”，第二步是“得”。对于“习”来说，一般理解为学习的过程，即学习者通过与外界进行交流与沟通从而顺畅地学习到此种语言的过程，这一过程并没有发挥学习者的主观能动性，而是学习者处在一种有意识理解的状态。通过许多研究发现，二外学习的过程中“习得”方式的学习效果强于“学习”方式。根据自然顺序的理论我们可以知道，掌握语言的规矩是有一定先后顺序的，这与二外课堂上教师的顺序教学不存在相关的联系[①]。对于我国的日语教学来说，适当运用“二语习得理论”具有很重要的指导意义，不仅能够促进我国日语教学水平的提高，也能为其余国家语言的教学提供相应的教学模型[②]。

（二）二语习得理论对日语教学的启示

1. 提升学生的语言输出能力

语言输出是学习者已经拥有能够将所学的语言知识进行输出从而与他人交流的能力，语言输出就是学习外语的最终目的。对于语言输出，学习者应该利用所学的知识来对日语进行口头表达或者书面书写。语言输出是学习者对于学习能力与水平的自我检测与不断斧正的过程，如果在学习外语的过程中紧紧进行语言输入而不进行语言输出的话，会导致“高分低能”现象的产生。[③] 同时，日语教师还可以通过指导学生进行日文版的日记写作，或给出相应主题进行论文的撰写，也可以通过建立日语角、日语沙龙等方式来对学生的口语输出能力进行培养。在日语口语的教学过程中，教师应改变传统的方式来对学生的各种日语输出能力进行锻炼，比如让学生朗读课文并进行录音，课后教师对录音进行指导和修正，锻炼学生的日语发音能力；还可以让学生在小组内将课文进行情景剧情节设计，进行情景的表演；定期邀请相关的日语外教来和学生进行交流，了解在日语日常沟通中的注意事项，等等。日语教师应该通过各种不同方式的输出来让学生更加积极主动地进行跨文化交际。

2. 创造学习氛围

有学者认为，课堂教学应该与现实进行接轨，更好地创造出符合条件的语言学习氛围。所以，在日语教学的过程中，教师应该避免灌输式的教学方式，让学生成为主体，注重在课堂中建立日语的学习氛围。教师应该设立情景模拟表演来提升学生的课堂参与感，学生通过情景表演，一是可以学习课堂知识，二是可以播放相关的趣味日文片段，通过片段让学生来学习感兴趣的口语化日文，提高学生对日语学习的兴趣。除了在课堂营造日语学习氛围之外，教师还可以鼓励学生参加课外的日语交际活动，比如日语角、观看日语电影、参加日语讲座以及大家比较感兴趣的漫展之类的活动。

---

① 周爱兵．基于克拉申二语习得理论的高职日语个性化教学初探［J］．江苏教育研究，2016（33）．

② 黄成湘．中国日语学习者习得偏误研究综述［J］．高教论坛，2015（11）．

③ 周爱兵．基于克拉申二语习得理论的高职日语个性化教学初探［J］．江苏教育研究，2016（33）．

3. 塑造日语教室文化

第一，让学生收集日语的名言警句，并将其打印出来张贴，还可以收集相应的美食、动漫以及文化等资料在教室张贴；第二，可以建立教室图书馆，鼓励学生举行日语相关图书的阅读，并与同学进行图书的互换、读书心得的交流等；第三，可以自行制作物品名片，将教室的每件物品都贴上日文标签。在日语教室中，浓厚的日语学习氛围将更好地促进学生的日语学习。

4. 开展日语特色活动，提高日语学习兴趣

对于语言的学习来说，其过程必定是枯燥无味的，学习者对于日语从陌生到熟悉、从掌握到精通也是一个极其漫长而又辛苦的过程。大多数的日语学习者的学习积极性与主动性不够，对待日语的学习都是在老师的逼迫之下或者考试成绩的压力之下硬性完成的，这样就会损害学生对于日语学习的兴趣。大多数的实践证明，学生对于课外活动比较感兴趣，因此日语教学工作者应该将日语的学习与学生的课外活动进行挂钩，比如组织日语初学者开展日语阅读比赛、日语书法比赛或者日语情景剧表演大赛等活动；对于熟练掌握日语的学习者则可以开展日语游戏、日语 PPT 大赛等；对于精通日语等学习人群则可以开展日语配音大赛、日语翻译比赛以及日语演讲等活动。针对不同的学习者开展不同层次的课外活动可以激发学习者对于日语学习的热情，同时也能够提升学习者对于日语的运用能力，迎合学生在日语学习中的发展需求。

5. 了解日语文化，综合提升日语内涵

无论是母语的学习还是日语的学习都会碰到一定的瓶颈期，这段时间日语水平上升相对缓慢，这并不是日语学习者不够努力或者教学工作者水平下降所导致的，而是学生已经掌握了日语的含义，但是却缺乏对日语文化背景知识的了解，导致无法准确理解日语话语者想表达的情感。所以，日语教学工作者在日语教学的过程中要将日语文化适当地进行穿插教学，将学生学习日语的瓶颈尽可能最小化，从而达到综合提升日语内涵的目的。

二、建构主义理论

（一）建构主义理论的主要观点

建构主义教学理论主要体现在以下几个方面：第一，建构主义知识观。学习不是由教师简单地把知识传递给学生，而是由学生在原有知识的基础上自己建构知识的过程。第二，建构主义学生观。学生不是简单被动地接受信息，而是主动地建构知识。第三，师生角色的定位。建构主义理论打破了传统的教学

模式，教师不再居高临下，学生也不再被动接受教导，二者可进行平等地交流，友好的相互沟通，教师是学生建构知识的支持者和辅导者。而学生以学习材料为基础，通过建构途径进行学习，达到其获取知识的目的。第四，建构主义学习环境和教学原则。为学生创造一种良好的学习环境，在一定的社会环境和文化背景下进行实验、独立研究、合作学习等方式进行学习。

（二）建构主义理论对日语教学的启示

建构主义教学理论中，教师要成为学生建构知识的积极帮助者和引导者，改变传统的教学模式和师生关系，应当激发学生的学习动机，创设适宜的情景和提示新旧知识之间联系的线索，引导学生建构当前所学知识的意义。①

1. 创建互动和开放式教学环境

对传统的教育模式进行改革，可以彻底改变以往的“填鸭式”教学模式，运用网络资源实现教学时间和空间的课外延伸。与此同时，教师与学生应当共同营造积极、民主、和谐的学习氛围，使师生之间建立良好的人际关系，促进学生的身心健康发展。②

教师在教学过程中应当主动与学生建立相互信任和相互学习的良性师生关系，积极营造有利于日语专业学生学习的氛围。并且在教学过程中，教师应当认识到学生的主体地位，加强与学生之间的互动，使教学充满趣味性和真实性，让学生在情景中学习语言。也可以以提问式的方法来实施交互式教学，通过提问和情景游戏等互动环节，加强学生对知识的掌握程度，教师通过学生对教学内容的反馈来衡量教学内容难度，根据学生的实际需求进行切合实际的调整。这种师生之间互动的学习模式能够更好地帮助学生学会日语语言的表达技巧和语法知识，而且可以更好地掌握所学知识，教师也可以通过这种方式更清楚地认识到自身教学中存在的缺陷，改善后以便获得更好的教学效果。

2. 激发学生的日语学习兴趣

日语入门比较简单，但随着教学的推进，不少学生觉得日语枯燥无味，感觉越来越难学。因此，教师在日语教学的过程中，要组织灵活多样的教学方式来激发并维持学生学习的兴趣。只有对学习日语有了兴趣才能在建构日语知识框架的前提下进行学习，长此以往，学生的学习效率才能够提高。教师在授课过程中，不能一味地只注重书本知识的讲解，也不能简单地把学科知识灌输给学生，而是应当培养学生的学习兴趣，并通过恰当的引导让学生学会自主学

---

① 李瑾．建构主义教学理论在日语教学中的应用［J］．考试周刊，2018（15）．

② 于爱波．基于建构主义理论下的日语教学模式探讨［J］．现代职业教育，2017（10）．

习，构建日语学习的知识框架。

教师应该运用多媒体教学模式，适时地将日本的文化等内容贯穿到课堂讲授当中。可以选取欢迎度较高、语速较慢、日语原版的动漫片段或日剧电影节段播放给学生观看，并模仿学习其中的语速、语调、词语表达等。

3. 发挥小组互动学习的作用

语言的学习需要不断的交流，日语进步也在不断交流的过程中实现。作为教育提供方的高校应当利用所有可以利用的教学资源为学生创建一个良好的学习环境。在日语教学课堂上，教师可以通过划分小组实现学生之间的相互合作和共同学习。但在实行过程中，教师应当对学生有较为全面的了解，以性格爱好、学习层次等为依据划分学习小组，使学习小组分组更加合理，这对学生的日语学习有良好的辅助作用。首先，学习小组承担着巩固和深化教学内容的作用，通过小组合作的方式使学生对课堂内容有更加深入的了解。其次，同一学习层次，相近爱好的学生更容易建立良好的交流关系，学习进度也能得到交往合理的把握。此外，教师多样化的教学方式在划分小组后可以轻易地实现，游戏、戏剧、演讲等受学生欢迎的方式使学生在轻松自由的环境下得以展现，学生的综合能力得到了增强。

三、认知语言学理论

（一）认知语言学解读

认知语言学诞生于20世纪80年代的美国和欧洲，是基于认知心理学，并综合了语言学与语言哲学的一门跨领域的新兴学科。该理论以行为哲学为方向，主要研究了复杂的语言现象与语言主体之间的关系，并对语言表达与思维模式之间的内在联系进行了很好地解释。

认知语言学对于语言教学的意义在于，告知学习者语言学习的根本是对于一门语言的认知，并结合学习者日常所积累的社会经验、知识储备来帮助其完成语言的学习，以实现语言学习的深入研究、论述及总结。日语教学过程中，我们可以将日语学习视为一种日语认知活动，基于认知语言学理论，将语言学习与学生主体感官体验相结合，摆脱传统的死记硬背的日语教学学习模式，以提高学生效率，改善教师教学质量。①

① 栗霞，曲朝霞．认知语言学视角下的日语教学策略［J］．大家，2010（16）．

1. 范畴观

范畴观中所涉及的是范畴化这一人类的高级认知活动，它是指人类对于世界上存在的万事万物在头脑中进行分类的活动。认知语言学致力于参透错综的语言现象所蕴含的根本规律，这与人类的认知范畴密切相关，范畴观为认知语言学基本内容之一。认知语言学中将范畴分为垂直关系和水平关系两个层面，即所属关系和并列关系。① 人类的认知过程就是通过这两种关系交错在头脑中形成一个范畴网格结构，这个结构从下到上是一个由具体到抽象的过程，范畴成员最多的就是我们在语言认知过程中使用到的基本层次范畴。基础层次范畴是人类对世界万物进行划分的关节点所在。在感观方面，其具有外观极易被主体感受并识别的特点；在功能方面，其具有涵盖与外部世界产生关系的所有物体的特点；在交流方面，其具有词汇最精炼、使用最频繁、特征最明显的特点。基础层次范畴的这些特点，均是各门语言教学过程中所应把握并针对性教学的突破点。

2. 意象图式

“意象图式”是认知语言学中对于事物之间关系认知的一种重要的认知结构，它所指向的是人们头脑中所储存的基于已有生活经验获得的固有感官以及常规性关系模式架构，具有抽象性、规律性的特点，实现的是“类推”的方式来构建主体的直观感知经验，以“隐喻”的方式来构建主体的非直观感知经验。认知语言学中对人类主体生活经验中主要的意象图式进行了概括，包括了部分—整体图式（即多部分组成一整体的逻辑关系）、链时图式（即多元素之间相互关联的逻辑关系）、中心—边缘图式（即构成要素主次区分且边缘依附中心存在的逻辑关系）、起点—路径—目标图式（即事件发生经过每一发展节点方可最终实现目的的逻辑关系）。这些意象图式均是我们头脑中的认知经验架构，是各门语言教学中所应把握并良好运用的认知经验。

3. 理想化认知模型

所谓“理想化认知模型”是指某特定社会、文化背景下的语言表达主体对于某一特定范畴内的经验储备所做出的抽象化的、理想化认知解释。认知过程则是主体头脑中理想化认知模型与事物原型之间逐渐趋于符合的过程，并且在对某一事物或概念进行认知的过程中我们往往会用到多个不同认知模型，原型效应之后即形成较准确认知。最为常见的理想化认知模型是两种事物之间可相互指代，如典型例子模式（即苹果和梨为水果的典型代表）、凸显事例模式（即身边的素食主义者形成头脑中素食主义者的代表）等。理想化认知模型一

① 束定芳．近10年来国外认知语言学最新进展与发展趋势［J］．外语研究，2012（1）．

方面是各门语言教学过程的切入点，另一方面又是清晰化语言教学过程的抽象过程解释。

（二）认知语言学与日语教学的融合

1. 认知语义方面的结合应用

外来语言学习的过程其根本是对未知新鲜事物的认知过程，这一过程中人们常采取的方式是依靠自身生活经历中常见的、具体的认知范本为参照，采取诸如类推、隐喻的方式对不常见的、抽象的新的范畴进行识别和认知，具体到日语教学方面来说，就是综合常用多义词的词义区分为基础对日语词汇的语义框架进行搭建。实际操作方法，即是首先利用范畴观概念中的垂直关系和水平关系定位词汇在头脑基础层次范畴内的位置，对其有一个初步预估，进而利用意象图式中的固有关系对词汇的派生含义，对词汇的语义构建有一个了解，进而深入剖析日词汇语义背后所涉及的语言学习主体的认知途径。通俗而言，即是面对一个日语词汇，教师在对其语义讲解的过程中，首先我们应对其中心义进行认定，通过我们头脑中已有的常见的事物对该词汇进行解析，其次则是对该词汇的意义扩张方向的确定，通过已知的概念与新词汇之间的关系模式来对其内涵进行拓宽，引申，进而对该词汇的语义应用环境及范畴进行明确。

2. 认知语用方面的结合应用

语言学习的最终目的是熟练的实际应用，语言的功能应用方面的研究可以说是认知语言学研究的重点，翻译能力是语言应用能力最直接的体现。翻译是以原著为基础的认知推理过程，是原著者、翻译者与读者三者之间的一个交流活动，是两两之间进行各自秉承的理想认知模型的反复碰撞过程，这种双语转换的规律性研究在某种程度上为外语翻译教学提供了有效的理论依据。具体到日语翻译教学的过程中，则是在进行日语口语应用及原文翻译训练的过程中应强调翻译过程中固存的三元关系，强调语言应用过程中语境的认知，并致力于充分拓宽学生对于日本语文化架构的深入了解。

3. 认知心理方面的结合应用

“听”和“说”作为语言学习的几个重要能力的组成，其重要性不言而喻，在日语课堂教学中我们常常会采用诸如复读式训练法的教学方式，通过播放音频，要求学生采取快速跟读的方式对音频信息进行复述，以实现对学生听解及口语能力的训练，不同学生在复读训练过程中的表现不甚相同。从认知心理学角度来看，人的记忆分为瞬时记忆、短时记忆和长时记忆三个系统。结合原文进行复述的过程中我们头脑中形成的是图片形式的未经过加工的瞬时记忆，其储存时间极短且不深刻；对瞬时记忆碎片进行结合音频及语境等信息的着重关注时，则会在头脑中形成相对深入的短时记忆；只有通过调动头脑中深刻的相关信息丰富的长时记忆对音频复述训练中的短时信息进行加工分析，方可实现音频信息的良好理解和复述。长时记忆的深刻程度以及相关关联信息的丰富程度则是直接影响信息提取速度与深度的直接因素。这就表明，在日语教学中构建个体头脑中语言架构体系才是重中之重，只有打好扎实的语言储备基础方可真正实现语言的良好应用。

第二章　情境教学辅助日语教学

情境教学通过构建良好的学习氛围、直观的教学体验，有助于提升学生学习效果，增强教师教学效率。将其应用到日语教学中，借助特定的情境，帮助学生深入了解、感受日语，有利于激活学生思维，对日语学习产生兴趣。

第一节　情境教学诠释及其在日语教学中重要性分析

一、情境教学诠释

（一）情境

1. 情境的定义

情境，即情景、境地①。《辞海》中关于情境是这样定义的："情境是指一个人在进行某种行动时所处的社会环境，是人们社会行为产生的具体条件"②。该解释重在描述个人的行为与周围环境的相互关系。关于情境的定义，并不是现代才有的，它源于中国古代的一个美学概念——意境说，其杰出代表是一千多年前刘勰的《文心雕龙》，以及近代学者王国维的《人间词话》。意境说强调外界环境对人的内心活动会产生一种指引和调节的作用。作为中国情境教育产生的土壤，意境说是我国的情境教育之所以富有中国特色和乡土气息的重要原因。

在不同的视域下，情境表现为不同的特点，既可以是观念的，也可以是客

---

① 黄贤明，梁爱南，张汉君．"互联网+"背景下高等教育信息化的改革与创新研究［M］．长春：东北师范大学出版社，2018：78.

② 夏征农．辞海［M］．上海：上海辞书出版社，2002：1362.

观的；既可以表现为基于学校与课堂的功能性，又可以表现为社会与自然的生活性。可见，情境并不是一个单一的概念，而是包含着深刻丰富的含义和内容，因此，基于情境的教学模式具有很高的可开发价值。

2. 情境的类型

（1）欣赏情境与参与情境

欣赏情境就是指情境的角色扮演者并不是活动的主体，或者说角色的活动仅仅是观察与欣赏。参与情境就是角色的扮演者同时也是活动的主体。

（2）真实情境与描述情境

真实情境的活动背景是未经过教师处理的自然或社会背景，描述情境中的活动背景是教师创设的背景。在真实情境中学生往往可以获得更多的感性认识和情感体验，但在真实情境中活动经常会付出很大的代价，比如说长时间的旅途、较多钱财的花费等。

（3）实验情境与模型情境

实验情境的作用对象是能够给学生以真实反馈的真实对象，模型情境的作用对象并非真实的物理对象，这些对象可能是通过多媒体手段创设的模型，也可能是一些需要学生自己通过思考演算来解决的题目或问题等。

（二）情境教学概述

1. 情境教学的概念

情境是影响个体行为变化（产生行为和改变行为）的各种刺激（包括物理的和心理的）所构成的特殊环境。教学可以理解为教师和学生以课堂为主渠道的交往过程，情境教学就可以看成是教师和学生以情境作为主要交往中介的课堂教学。情境教学就是要根据教学的需要，调整情节与环境两者的地位，并对其进行改造，使之服务于教学，以提高教学的成效。其中的情节和环境都有可能处于主要地位或附属地位，也可处在同等重要的地位，环境可以是真实的物理环境也可以不是真的物理环境，视教学的具体情况而定。

人类的知识和互动不能和这个世界分割开来。情境和人们从事交互活动是真正重要的。我们不能只看到情境，或者环境，也不能只看到个人，这样做就破坏了两者之间重要的平衡。情境学习是建构认知理论中的一种知识习得理论，所谓的学习，基本上是处于某种情境的学习，它是活动、情境和文化相倚靠的结果。社会互动是其重要的元素。基于这种观点，学习被认为应该采用可以反映真实世界的实物和活动。如果知识的传递是抽离实境的，那么学习者学到的不过是一种新的观念，而不是内化的真实经验。建构主义学者强调：真实的学习环境是决定学习的关键。知识的形成/建构，主要是因为环境的影响以及学习者跟环境互动的结果。虽说完全复制真实的世界是不可能的，但是近似的情境复制是可能的，而且是增进学习的必要条件。麦克莱伦列出了组成情境学习的主要元素：学徒学习、合作学习、内省学习、指导学习、多元学习、技巧演练、实景呈现和科技。我们实施的课题就是遵循情境学习的观念，希望透过游戏、歌曲、戏剧、声效、动画、模拟实景、超链接等的模式，来建构一个近似真实世界的学习环境。此外，近来盛行的问题导向学习、任务导向学习也都是情境学习理论下的具体教法。这两种教学法基本上都是希望学习者通过跟环境与人的互动，包括探究线索、找寻资料、咨询相关人士、演绎归纳等，达到主动学习、内化经验的目的。这些理论都成为学校研究的理论依据。

2. 情境教学的特点

（1）形真

形真主要要求形象具有真切感，神韵相似，以鲜明的形象强化学生感知教学内容的亲切感。就如同中国画的白描写意，简要的几笔，就勾勒出形象，并不要求重彩，却同样是真切、栩栩如生的。情境教学也是同样的道理，以“神似”显示“形真”。“形真”不是实体的机械复制，或照相式的再造，而是以简化的形体、暗示的手法获得与实体在结构上对应的形象，从而给学生以真切之感。

（2）情切

情切，即情真意切，让情感参与认知活动，充分调动学习者的主动性。情境教学是以生动形象的场景激起学生的学习情绪为手段，连同教师的语言、情感、教学内容以及课堂气氛成为一个广阔的心理场，作用于学生的心理，从而促使他们主动积极地投入整个学习活动，达到学生整体和谐发展的目的。情境教学正是抓住促进学生发展的动因——情感，展开一系列教学活动的。在情境教学中，情感不仅仅是一种手段，更应成为教学本身的任务，成为教学追求的目标。

（3）意远

意远，即意境广远，形成想象契机，有效地发展想象力。情境教学取“情境”而不取“情景”，其原因就在于“情境”具有一定的深度与广度。情境教学讲究“情绪”和“意象”。情境总是作为一个整体，展现在学生的眼前，造成“直接的印象”，激起学生的情绪，又成为一种“需要的推动”，成为学生想象的契机。教师可以凭借学生的想象活动，把教材内容与所展示的、所想象的生活情境联系起来，从而为学生拓宽广远的意境，把学生带到教学内容所描绘的情境之中。一方面，情境教学所展现的广远意境能够激起学生的想象；另一方面，学生的想象丰富了教学情境，真正达到相得益彰。

（4）理寓其中

情境教学的“理寓其中”，就是从教学内容出发，由教学内容决定情境教学的形式。在教学过程中，教师要创设一个或一组围绕教学内容展现的具体情境。情境教学“理蕴”的特点，决定了学生获得的理念是伴随着形象与情感的，是有血有肉的。这不仅是感性的、对事物现象的认识，而且是对事物本质及其相互关系的认识。

3. 情境教学模式和方法

（1）“五因素十字”教学法

我国教学家章兼中提炼出“五因素十字”积极教学法，为情境教学法在中国的发展付出了艰辛的劳动，功不可没。所谓“五因素十字”，即“情意(情感意志)、情境、知识、交际和方法”。该教学法强调，让学生怀着愉快积极学习和勇于克服困难的意志，在情境中掌握词汇和句型结构。外语教学的成功，内驱力方面在于情感与意志的激励，外显活动方面在于在一定情境中进行交际。因此，学习外语只有在一定的情境中才能理解和表达真实意思。这里的情境有两个方面：一是指人们创设的模拟情境和少量的外语教学真实情境；二是指在情境中初步理解外语话语（或课文）的意义和进行外语话语意义性的操练，从而进一步进行句型操练、理解抽象规则和积累感性外语材料。情境创设的方法很多。章兼中提供了常用的、较易操作的几种方法：身势语；实物和图画；声“像”直观（声音直观与实物直观相结合)；社会自然的情境；言语描述情境。

（2）五步教学法

五步是指复习、介绍、操练、练习、巩固五个环节。复习是指教师通过对以前所学过的知识的回潮，导入本课新知识的预备阶段；再通过介绍这一环节，将新的语言知识通过示范表演进行呈现，使学生获得感性认识；之后以操练这个环节，让学生把学到的知识与实际运用有机地结合起来，即从认识到实践；然后要设计适当的交际活动，让学生运用所学到的知识独立交流，提高熟练、流利程度；最后在巩固阶段，让学生将所学知识进一步深化。通常操作如下：

①复习。这个环节就是指对以前学过的知识以及对和本节课知识相关的重点知识进行复习。复习作为一堂课的开头，是非常重要的，关系到整堂课的效果，要让学生首先意识到已经上课了，应调整好状态投入学习中，让学生达到精神饱满的状态，把积极性调动起来，使他们积极参与课堂教学活动。

②介绍。这个环节就是指教师将新的语言知识示范表演，使学生获得感性认识，知识的呈现是学生对所学知识的认知、感知的阶段，新的知识信息进入

学生的短时记忆，激活了长时记忆，建构起新的语言意义。

③操练。这个环节就是指介绍完新知识后，教师应及时创设情境让学生有目的地进行操练。五步教学法的中心环节是技能，教师在操练中指导学生进行操练活动，使学生积极参与课上的各种活动。活动中，要求每个学生都能动脑、动口、动手。操练活动要多样化、趣味化，使大多数学生乐于学日语，在学习过程中表现出学习积极性。

④练习。根据课堂上所学的知识特点，有针对性地创设学习情境，如角色扮演、小品表演，培养学生灵活运用语言的能力，形成交际能力。

⑤巩固。教师可以引导学生开展形式多样的小组合作活动，将所学知识进一步深化。

二、情境教学在日语教学中的重要性分析

（一）提供语境学习条件

如何高效快速地去学习一门外语，首先应该对于自身的学习环境做出改变，创造出良好的语言环境，是对于外语学习来说必不可少的，日语也不例外。中国学生对于学习日语的困惑上文已经提过，就是缺少良好的语言环境，以至于许多人在对日语的学习过程中产生畏惧情绪，觉得学习日语是一件枯燥而乏味的事情，在这种情绪的诱导下，逐渐失去学习的兴趣。情境教学的出现就是针对这种学习的弊端，立足于学生生活的环境，调动学生积极性的同时，活跃课堂的气氛，从而提高学生的学习效率，在教学中创设多样的情境，将课堂中的单调语言实际化，从日常生活的常见事物着手，把学生思维从课堂上、书本中引入生活中，这些场景贴近生活，更容易激发学生的学习兴趣，对于日语教学的顺利进行也有一定的帮助，同时对于日语学习中的日语知识掌握情况来说，对于学生的听、说、读、写能力也有一定的良性影响①。

（二）增强学生对日语课程的兴趣

日语教学应当采取循序渐进，层层深入的教学方式。应当从学生的兴趣开始入手，对课堂教学之前整理知识，将学生引入一定的情境之中，并提出相关联的问题，在日语教学课程上对学生进行引导式的教育教学。通过这样的教学

① 王世鹏．高职日语专业商贸课程情境化教学实验研究［D］．吉林：吉林农业大学，2018.

方法很好地引导学生对于学习日语的思维，同时在问题的不断深入过程中，使学生增加对日语学习的兴趣，并参与进去，提高学生日语教学课堂的关注度，有利于学生对日语学习的提升①。

（三）提升日语课堂的教学效果

情境教学法就是在日语课堂教学中，通过情境再现的模式，把课文内容与实际情境、事物联系起来，创设形象生动的情境，激发学生的想象力，激发学生的学习兴趣，使学生在学习日语中有身临其境的感觉，有效地缓解了学生对于日语学习的排斥性，达到学以致用的教学目的②。

（四）增加日语课堂中的趣味性

情境教学重视的并非学习中的知识储备量，而是重点地发展学生的思维训练，在对于学生的思维发展中，将学生作为课堂的教学主题，以学生为主要的突破手段，使学生对于情境中提到的问题能进行自主思考，自主研究，提高综合日语能力的同时，让学生体验到学习和思考的乐趣，也为日语教学提供了良好的重要保障③。

（五）激发学生参与交际活动的意识

学生是学习的主体，传统的填鸭式的教学显然不能适应日语教学的需要。学生仅仅在课堂上听讲是不可能将日语学好的。所以，如何让学生把听到的东西写出来和说出来是教师努力的方向。教师应该有效地设置情境，激发学生的学习动机，使他们积极主动地参与课堂交流活动。

在日语的教学中，教师应该营造生动有趣的教学情境，最大限度地激发学生的参与意识，使学生进入到教师精心设计的情境中，确保每一位学生都能够参与到语言实践中。让学生在情境中深入角色，自觉主动地参与到交际中，充分展露自己的才华，并在相互评价中体现自我，从而通过语言实践掌握语言重点知识和交际技能。

---

① 周密．高职商务日语中敬语教学的研究［D］．长沙：湖南农业大学，2015.

② 李瑾．独立学院第二外语日语教学现状及对策研究［D］．兰州：兰州大学，2018.

③ 郁磊．如何在高职日语课堂中提高学生的学习兴趣［J］．科教导刊（上旬刊），2015（3）.

第二节　日语情境教学设计与操作程序

一、日语情境教学设计

（一）日语情境教学设计的原则

1. 科学性与艺术性相统一的原则

科学性原则是教学设计活动的本质要求，是达成教学最优化的前提条件和重要保证。首先要符合教育学、心理学、语言学等有关原理和要求；其次还要运用情境学习的基本原理和运行机制，来设计好情境学习的活动；最后，要运用系统化的原理与方法，来整合课堂教学系统的各个部分和过程，以达成最佳的教学效益。教学设计在追求科学性的同时，不能拒杀了教师的创造性。虽然教师教学有如医师行医，在工作上既必须具备科学家精密严格的训练，又必须具备艺术家创作才情的素养。唯其如此，教师才有可能将其从专业训练中获得的客观系统的知识和技能，转化在实际的工作中，针对求助者的不同需求，做出主观而切实的判断。因此，伟大的教师和伟大的医师一样，都是在工作时将科学和艺术合二为一的。

2. 最优化原则

这是教学设计的根本目的和要求。用系统论观点来分析，课堂教学是教师、学生、教学目标、教学内容、教学媒体和方法等诸多因素构成的动态系统。课堂教学系统的优化，既有赖于各教学要素的优化，还有赖于各要素间的结合方式的优化。最优化原则要求教师进行教学设计时要充分了解日语教学的任务、目标、内容及学生在知、情、意以及交往技能等方面的准备情况和现有的教学条件、资源和设施等教学要素，系统地加以考察和综合（优化），以求最少的投入获得最大化的产出。

3. 情境化原则

建构主义认为，学习总是与一定的社会文化背景，即“情境”相联系的①，只有在丰富、生动的实际情境下进行学习，才便于学生进行“同化”和

① 田华文，戴俊凯，杨德军．现代教育技术［M］．武汉：武汉理工大学出版社，2005：172.

“顺化”，从而达到对新知识的意义建构。语言的本质属性是它的交际性，交际总是在一定的情境中进行的，因此语言教学较其他教学更突出情境化教学的重要性。但是，传统日语课堂的讲授中，由于教师不能提供实际情境所具有的丰富性和生动性，只从语言知识体系的角度出发，把言语分成独立的单位，以此为教学的重点和难点，来一点点地教授给学生。这样学生学到的只是被分解的语言片段，难以形成使用完整的语言进行交际的能力，所学的语言结构难以纳入长时间记忆，从而成为自己认知结构的一部分。

学习是一个互动的过程，语言的学习更是如此，其表现形式就是自我与他人连续不断的交流。情境学习为学生学习外语提供了充分的互动机会，随时可以获得老师和同学的协助。情境学习是通过建立学生与学生之间积极的、多边的互动来发挥其效能的。因此，在进行日语教学设计时，应结合学生的热情，活泼和乐群的性格特点以及日语教学的交互性特征，以构建学生间积极交互作用结构为主线，将情境学习的基本要素纳入情境活动中，贯通整个情境教学结构和过程之中。整个设计的重点应放在情境策略的应用与开发上，并对情境教学程序和情境教学活动做出周密的安排，以课堂情境性交往来达成教学的双重目标，即认知目标和情意目标。

日语情境教学设计强调情境化原则，主张创设与主题有关的尽可能真实的教学情境。因为，情境的真实性可以整合多种知识、技能，有助于学生用“真实”的方式应用所学的知识，这样便于他们意识到所学的知识、技能是与自己的实际生活相关的，是有意义的，这对维持其学习动机是非常有用的。所谓情境化原则是指根据课堂教学的相关主题，结合学生具体形象的思维特征和其已有的知识、经验，充分利用直观手段，创设与学生体验过的情境有相似之处且能引起疑难的具体生动的交际场景，激起学生用语言表达自己情感的欲望，从而引导他们从整体上理解和运用语言。情境化原则要求教师的教法要有亲和力和感染力，使学生产生愉快的学习情绪，能将学生引人一个十分有趣的探索情境之中，使日语教学形象化、趣味化、人文化；同时利用实物、图画、多媒体手段为学生创造一种丰富、逼真的交际情境，使学生积极、自觉地投入日语交际活动中，体现语境的美和语言的真实交际功能。

4. 主体性原则

传统日语教学方法的主要弊端是学习与实践相分离，认知与情感相脱节，教学信息流动是平面式和单向的，因此教学效率必然是比较低的。在文化氛围中教学，由于常规时空的静止、单向特征的改变，隐性教学客体（如环境）变成了可以利用的资源，为教学活动的高效进行提供了可能。在日语情境教学活动中，“情”与“境”是二种异常宝贵的资源，前者可以为学生学习源源不断地提供动能后者可以为学生提取并组织原有知识提供形象而具体的参照源与刺激源，对两种资源的有效利用是提高教学效率的有效保证。只有单一的场景变化而无角色同“情”与“境”的有机交融绝非是真正的日语情境教学。

学生的主体性主要是在自己的实践活动中形成和发展的，在他与其他主体和客体的相互作用中成熟和提高。教学中主体与主体间的交往活动主要应是学生彼此之间的交往，它对学生主体性的形成具有重要意义。但现行教学体系，主要是学生与教师的交往，学生与学生之间的交往很有限。日语情境教学设计将小组活动作为教学的主要组织形式，并给学生创设积极活动的情境。小组活动可以使学生最大限度地处于主体激活状态，能主动积极地动手、动口、动眼、动耳、动脑，去行动去实际操作，使学习成为学生自己的自主活动。同时，小组活动还利于学生进行主体间的交往，发展交往主体性。

贯彻主体性原则，第一，要设法运用情感激励机制来激发学生的表达欲望，充分发挥情感因素在日语学习中的动机机制，提高学生日语学习兴趣和自信心，学会用日语表达内心的体验，反映头脑中的客观世界，使人更好地发挥创造性思维，从而达到创造性运用日语进行交际的水平。第二，要坚持学生活动的自主性。要运用各种方式、途径和策略引发和激励所有学生主动参与到教学中来，使学习成为学生自己的活动，使学生会选择、会参与，教会学生学习。第三，要促进学生之间在教学活动中有效交往。要使学生之间既有竞争又有情境，保持和谐正常的同伴关系，相互促进，共同发展，有利于他们的社会化。第四，要坚持教师的主导作用。教学是追求效率的社会化活动，教学的一切活动从根本上来说是由教师来掌握的。教师的主导作用在任何时候都不能放弃。教师主导作用的发挥关键在于教学艺术的把握，能适时地因势因材施教，引导和激发学生自主学习，把教转化为学。教师主导作用发挥的好坏体现在学生是否学得主动，是否心情愉悦，是否最大程度发展了主体意识和主体能力，形成了主体人格。

（二）日语情境教学设计的基本流程

1. 教学分析阶段

教学分析又被称为学习需要分析，其作用就是鉴定教学问题，并在此基础上形成总的教学目标，为分析学习内容、编写教学目标、制定教学策略、选择和运用教学媒体以及进行教学评价等各项教学设计的工作提供真实的依据。教学分析的基本步骤：一是要进行学习结果分析，以确定期望学习者达到的学习状态。日语情境教学的学习结果可以从语言知识、语言技能、情感态度、学习策略、文化意识以及技能六方面加以分析，从而确定学生最终的语言能力水平和情境技能水平；二是要对学习者进行分析，以确定学生能力素质的现状，其当前的能力水平即是教学起点。对学生的分析我们主要是从其初始能力即学生在日语学习方面的知识能力的准备状况，以及影响日语学习的心理因素（包括学生的言语、记忆、思维和注意特点）两方面着手论述，以充分了解日语情境学习活动主体的现状，从而确定日语情境课的教学起点；三是找出学习者目前水平与所期望达到水平之间的差距，以确定学习需要，这一“差距”便是当前的教育教学问题。相应地，日语情境教学的目标就得以确定。

日语情境教学目标包括语言能力目标和情境技能目标。目标确立以后，还必须对教学目标加以具体明确的阐述，即以具体的、可操作的行为目标形式加以表达和叙写，对教学目标达成的行为、条件和方式做出具体的规定和描述，这样可以克服传统方法陈述教学目标的含糊性。

2. 教学决策阶段

该阶段的任务是根据上一阶段分析的结果为达到相应的教学目标而确定具体的教学方案，包括教学活动的顺序、方法、策略、形式和媒体等因素。其中教学策略的选择和设计是核心任务。

情境学习是日语教学的最佳策略之一。在选定情境学习教学策略之后，仍需对当今情境学习的策略种类加以分析比较，从而选出和设计出适合日语教学的情境学习策略。确定了教学目标，选定了教学策略，就可以开始进行具体教学活动的设计工作。在语言的意义性操练阶段和交际性操练阶段比较适合运用情境活动。确定了情境活动运用的时机，就可以着手设计情境活动。情境活动的设计是成功进行情境教学的关键因素，它涉及情境任务、情境学习方式、情境的创设等等，其设计过程较为复杂。在此基础上，就可以着手构建日语情境教学的基本活动框架。该环节可以以加湿的九种教学事件（即引起注意，告诉学生学习目标，刺激对先前学习的回忆，呈现刺激材料，提供学习指导，诱发学生行为，提供反馈，评定行为，促进记忆和迁移）为基本框架来合理设计日语情境教学的具体步骤，从而对整个情境教学活动作统筹的考虑和安排，然后进一步设计和编写出日语情境课的教案。

3. 教学设计结果的评价阶段

该评价阶段的任务是在实施教案、组织课堂教学活动的基础上，通过评价来检验所制定的最佳教学措施的效果，并把评价中得到的信息及时反馈到设计中来，便于改进下一次情境课设计。日语情境教学主要采用形成性评价、标准参照性评价、学生自评和小组评价等手段及时了解学生的学习情况，获得反馈信息。至此，某一具体的日语情境课设计告一段落，下一轮的日语情境课设计活动开始。

二、日语情境教学操作程序

（一）创设情境

任何有意义的语言交际活动都是在特定的情境中实现的。没有情境就没有语言的意义，日语交际活动离不开语言的情境。因此，必须创建与当前学习主题相关的，接近知识产生、使用的实际情境，通过教学内容、教学环境、教学语言的情境化，激发学生潜在的兴趣和求知欲，让学生进入积极的学习情感状态，形成强烈的达标意向，提取记忆中的有关知识、经验，激发联想和想象。

（二）设定目标

教学目标的实现要在教师主导下，在了解学生学习障碍和需求的基础上，准确、恰当地定位，及时给予具体的指导。教师通过语言描述、实物演示、角色扮演、现代化的多媒体手段等为学生创设一个个生动形象的教学情境，激发学生自主学习的内驱力，诱导学生积极思维，点燃其思维的火花。在学生有知识与能力处于活跃状态之后，及时进行听、说、读、写各种活动。

（三）构建情境

学习者围绕学习主题搜集信息，分析、辨别搜集的信息。在此基础上，学生之间、小组之间相互质疑问难，交流学习情况。提倡学生要敢于质疑，大胆质疑。教师则要放手让学生自己探讨、推导并加以归类、整理，从而锻炼和发展学生的思维能力。

（四）情境探究

学习者对获取的材料进行分析和进一步的探究，包括学生个体自主探究、小组探讨、集体相互交流和师生相互释疑等情境学习的方式。学生通过自主思考、感悟，寻求现象与本质、原因与结果等规律、关系，最后由自己得出问题的正确结论。教师要对学生不同认知、答案的价值给予积极的肯定，促使不同层次的学生在各自原有的基础上获得进一步发展，享受成功的喜悦，增强自信心，促进创新品质的形成。

（五）抽象情境

学习者利用原有的认知结构中的有关经验（“图式”）去“同化”和索引

(分析、检验、确认)当前学习的新知识，如果不能“同化”，则引起“顺化”，实现对知识意义的重新建构。日语教学中，学生充分发挥语言学习中认知主体的作用，利用原有的认知结构中的有关经验，去实现新知识的意义建构。

学生只有在进入积极思维状态、良好的情感状态并获得一定的短期动机的基础上，才能有效地进行各种语言学习活动。由于获得了丰富的信息，思路得到尽可能地扩展，就可能在更新更高的层次上产生出新的问题。学生在教师的引导下，对已经开始内化的语言信息进行进一步的语言实践活动，将内化的语言知识向技能转化，在转化中，学生凭借自身的努力与语言学习活动的体验，能获得更深的领悟。最后，学生在情感、思维、语言、策略等各种因素的综合作用下，在充分内化语言的基础上，开始独立将所学新知识技能通过活跃的思维活动运用于真实的或模拟真实的交际任务活动之中，从而实现学生综合素质的发展，达到自主创新学习的目标。

第三节　日语情境教学存在的问题与策略

一、日语情境教学存在的问题

(一)情境的构建缺乏创新

情境应该是不断创新的，而不应千篇一律。但是我国教师无论是做演示文稿采用的图片、格式，还是利用的案例，都是过去被翻来覆去利用过的。甚至在让学生进行体验式表演时，设计的主题也是千篇一律。情境教学需要充分调动学生的兴趣，激发学生对新事物的好奇心，然后引起学生积极健康的情感。如果情境是学生经常看到或练习的，那么学生就提不起兴趣。比如刚开始进行多媒体教学时，学生会非常感兴趣，但是如果内容与形式并无大异，时间一久，反而容易造成学生的疲惫心理。

(二)情境利用单一

情境教学不是简单构造一个情节或显示一个画面这么简单。情境教学应该从学生的兴趣着手，以提高学生学习的积极性和乐趣为基本要求，构建能够一种接近现实、内容丰富的情境。可以是一幅与讲解内容相关同时高效的漫画，可以是一段逗趣的视频，也可以是一次趣味的表演，同时也可以是多重要素结合的情境，如音乐、图片和表演结合的情景剧表演。但是在我国日语教学中，教师虽然认识到图片、视频以及表演、音乐的意义，但是其却缺乏组合这些要素的能力和意识，一般只是简单地利用情境，而不是将各种情境要素进行组合和丰富。

（三）情境教学不能持续

这是我国情境教学中非常普遍的现致。教师一般将情境教学安排在课堂内，但由于课堂学时有限，而课堂学习内容要求较多，所以教师一个学期也很难进行一次很好的情境教学。这样的情境教学其实不是完全的、真正意义上的情境教学，学生通过一次日语表演一般无法获得很好的效果，但是如果每个星期都进行一次，那么效果便可以凸显。学生观看一次日语电影肯定没多大效果，只有经常看日语电影效果才会凸显；学习唱一首日语歌曲肯定没效果，只有经常练习唱日语歌曲日语水平才会提升。这就是偶然和经常的区别。情境教学如果只是偶然进行，其效果必然不显著。

二、日语情境教学的策略

将情境教学法应用到日语教学中，作为日语教师应当正确认识到，情境的构建需要建立在基础知识之上，细化教学方法，抓住有利时机合理创设情境，进而提升教学效果。在情境教学法运用过程中，应当充分结合具体教学内容，考虑到学生的兴趣点，而后引入角色扮演、影视欣赏、课堂游戏、朗读比赛等多种多样的教学形式，构建趣味性日语教学课堂，在潜移默化中培养学生日语学习兴趣，提升学习自主性、积极性。这就需要日语教师能够从学生实际生活出发，合理融入情境，从而为学生营造出良好的学习氛围，提升日语教学质量。①

（一）创设情境化课堂教学

引入情境后的日语课堂更容易吸引学生注意力，激发学生对日语的学习兴趣，相对比，借助多种形式的教学，有助于调动学生参与积极性，对启发学生学习起到重要作用，这与传统日语教学法相比优势非常明显。在实际开展日语

---

① 唐新艳．当下大学日语教学发展之困——以烟台大学为例［J］．教书育人（高教论坛），2020（30）．

教学中，教师在创建教学情境时，应当立足基础知识，合理引入情境，切忌过度使用而忽视了日语知识教学，教师需要明确的是，情境教学法只是一种辅助性手段，目的是帮助学生更好地掌握知识，而不是一味地沉浸在情境中。

（二）营造情境化校园氛围

对于日语的学习，环境氛围非常重要，良好的环境会在潜移默化中影响学生日语学习。作为一种语言，需要做到输入与输出，将所学内容能够应用到实践中，才是真正发挥了语言作用。因此，教师在开展日语教学过程中，除了要合理利用课堂教学之外，还需要充分利用校园环境，引导学生将日语学习延伸到课外，进而构建出良好的日语学习氛围。

比如，充分利用校园外语社团，组织学生根据自己的兴趣爱好，展示出自己对日本文化以及日语、民俗等方面的理解，有的学生就会将自己定位为“二次元”，扮演成卡通人物，展出了日本世界闻名的动漫产业；也有的学生通过绘画的方式，展示出了日本樱花。此种社团活动的方式，促使校园日语学习氛围更加浓厚，对促进学生学习日语相关内容起到重要作用。[①] 此外，学校应当从日语教学实际情况出发，逐步将长期目标转变为短期学习目标。

（三）开展生活情境教学

语言是人们日常生活交流的重要工具，在某种意义上，语言也是一个民族的文化产物，体现着民族的性格。在日语教学中，教师需要从实际生活入手，将语言与生活实际联系到一起，提升日语教学效果。这需要日语教师从教材入手，挖掘其中的内容，并与现实生活充分融合。借助良好教学情景，向学生还原实际生活，从而使得学生更好地理解日语内容与应用方法。[②] 对此，教师在构建生活情境教学过程中，可以充分利用信息技术，有效将日语教学内容划分为虚实两部分，在此基础上，从两方面入手：一方面，教师可以利用多媒体，向学生展示出日本的文化、生活习俗、语言表达等内容，比如，日语中，“4”“9”的发音与死、苦相同，所以，日本的医院房间号码是没有 4 号房的。而日本人在日常生活中，大部分情况都会通过省略句式进行沟通，特别是没有达成共识的内容，几乎不会使用叙述句式。通过这些内容的讲解，帮助学生了解更多的日本文化，促使学生更好地理解日语内容。另一方面，教师要积极引导

---

① 张静．微信公众平台在大学日语教学中的应用模式探究［J］．辽宁教育行政学院学报，2020（05）．

② 范文娟．网络环境下的大学日语课堂教学优化探讨［J］．科学咨询（科技·管理），2020（09）．

学生自主通过互联网平台等方式，获取更多的日语学习资源，按照入门、听力、口语、表达等多个版块进行学习，此外，也可以引入日本歌曲、动漫等相关知识，在丰富学生业余生活的同时，也更多地了解、掌握日语知识。教师可以搜集大量的图片、文字、影视资源等，而后在不同版块教学中适当的引入，帮助学生在具体情境中更好的感受日语文章内容，提高学习兴趣，从而使得日语教学整体效果得到提升。①

（四）构建专业化情境

日语教学中构建情境的方式，需要日语教师提升自身专业能力，并及时有效的捕捉到当代学生对日语学习的需求，能够结合学生实际情况营造出良好的教学情境氛围，调动学生主观能动性，进而有效提升日语学习质量。这就需要日语教师在实际教学过程中，能够认真分析和研究日语学习资料，选择适合学生的，精心设计情境，促使学生可以产生学习兴趣，感受到学习日语的乐趣。比如，在日语教学过程中，教师可以创设一定的场景，组织学生开展角色扮演活动，通过情境更好的帮助学生理解教学情景，如，求职面试，可以先向学生播放一些面试的真实场景，引导学生对视频内容进行分析、比较，说出当中的不足与优点。而后，组织学生根据自己的理解以及学习到的面试知识，进行角色扮演，通过具体的实践活动，提升学生日语理解能力与应用能力。② 此外，在日常教学过程中，日语教师要尽量坚持使用日语与学生进行对话，通过不断的沟通，为学生营造出良好的日语学习氛围，同时，也促使学生在简单的日语交流中提升日语口语能力，锻炼学生使用日语进行简单对话的能力。采用日语教学内容进行简单沟通和互动，有助于培养学生学习兴趣，与此同时，也可以保证学生日语思维得到锻炼与提升。

（五）归纳总结

在日语教学中创设情境的主要目的是帮助学生更好的理解日语内容，掌握日语学习方法。对此，日语教师在创设情境教学后，应当做好情境的归纳与总结，帮助学生学会从情境中获取知识。而这一过程，就需要教学评价、分析，一方面，应当对教学方法的运用效果进行总结、改进，优化情境教学法效果。另一方面，需要针对学生从情境中获取的日语知识内容进行归纳、总结，引导学生积极分析，提升其自主学习能力，帮助学生逐步养成良好的学习习惯，为

---

① 于学英．大学日语教学与跨文化交际能力的培养［J］．农家参谋，2020（08）．
② 麦明雪．大学日语教学中学生跨文化交际能力培养分析［J］．国际公关，2020（03）．

提升日语教学质量做好基础铺垫。此外，教师需要明确的是，虽然情境教学法强调的教学主体为学生，但这并不代表教师可以一劳永逸，在情境学习中，教师依然要发挥出导向作用，及时帮助学生解决疑惑。

第四节　日语情境教学评价体系的构建

一、构建日语情境教学评价体系的要求

（一）体现学生的主体地位

学生的学习过程是一个复杂的过程，学生掌握知识提高能力的最有效的途径是持续、主动地自我学习，自己亲自实践、亲自体验。因而教学活动的主体是学生，学生既是认识的主体，又是发展的主体。教师则是学生学习的帮助者，教师不能代办，去解决本应由学生自己解决的问题。这就要求我们的教学评价要改变原来那种把注意力集中在教师授课技巧等方面的趋向，关注教学中学生主体地位的落实，关注教学中学生主体性的发挥。

（二）灵活运用评价方式

评价时应采用终结性评价为辅、形成性评价为主的评价方式。终结性评价是对教学的结果一学生的成绩进行的评价，对学生的学习做出结论和判断，或者用于证明和选拔。形成性评价是对教师的教学过程和对学生的学习过程进行的评价，旨在确认师生的潜力，改进和发展教师的教学和学生的学习。评价时应注意根据学生的年龄特征和学习风格的差异采取适当的评价方式。在日常的形成性评价中，应允许学生根据自己的特长或优势选择适合自己的评价方式。如果学生对自己某次课堂测验成绩不满意，可以与教师协商，暂不记录成绩，学生在经过更充分的准备之后，可再次参加评价。

（三）注重形成性评价对学生发展的作用

日语情境教学的评价应体现出教师和学生的发展性，尤其突出学生的发展性，形成性评价的任务是通过多种渠道收集、综合和分析学生日常学习的信息，了解学生的知识、能力、兴趣和需求，着眼于学生潜力的发展。它重视对

学生日常学习过程中的表现、所取得的成绩以及所反映出的情感、态度、习惯、策略等方面的发展做出评价，并及时反馈给学生。其目的是激发学生的学习愿望，培养渴求新知的动机，帮助学生有效调控自己的学习过程，使学生获得成就感，增强自信心，培养和提高学生自我学习、自我教育、自我发展的知识与能力，达到开发潜能、启迪心智、增强后劲，使学生在竞争日趋激烈的21世纪获得生存能力和立足之地。

（四）注重评价结果的反馈作用

教师要时刻关注评价对学生学习和教师教学的反馈作用。例如：评价是否促进了学生自主性的发展和自信心的建立？是否反映了学生学习的成就？是否反映了教师教学中的成功之处与不足？是否反映了学生学习中的问题或不足？教师要根据评价的反馈信息及时调整教学计划和教学方法。

（五）注重终结性评价的作用

终结性评价（如期末考试、结业考试等）是检测学生综合语言运用能力发展程度的重要途径，也是反映教学效果的重要指标之一。终结性评价必须以考查学生综合语言运用能力为标，科学地、全面地考查学生在经过一段学习后所具有的语言水平，使评价有利于促进学生综合语言运用能力和健康人格的发展及教师教学水平的提高。

二、构建日语情境教学评价体系的主要方式

由于学生个体认知程度及个性存在着差异，如果仅仅采用单一的评价模式或者方法，那是不客观公正的，因此，要对学生进行多形式、多层次的评价。传统的终结性教学评价方式已被实践所证明是极不科学的，不能适应现代教育的发展。形成性评价的手段和形式包括以下内容：课堂反馈检测、作业、课内外参与日语活动的程度和表现等。教师可通过观察、交谈、问卷调查、学生自评等方式组织进行；对学生的学习情感，习惯和态度等方面的评价，应采用宽松、开放式的描述性评价形式；终结性评价的方式指包括听力、口试等在内的期中、期末考试等。同时，对教师的评价必须体现有利于教师的发展和提高，有利于课程标准的实施，并应采用多种形式，对日语教师的敬业精神、职业道德、教学能力和教学科研能力，课程实施的过程和效果及表现出的发展潜能进行全面的综合性评价，以及注重实际教学水平和教学效果，不单纯以学生分数或升学率作为评价教师的依据；注重发挥教师的自我评价功能，提高教师对课

程实施的反思性评价水平。

由于学生学习有一个渐进的过程，应将学生的学习过程与学习结果恰当地进行评价，如对过程中的情况要采用形成性、诊断性的手段进行评价，对学生的最后学习效果用终结性手段评价。科学合理的教学评价应当是对学生全面的评价，即把形成外语能力的各个要素及学生的整体素质作为评价的对象。

评价方式的多样性可以针对学习的侧重点而有所不同。如对学生的学习习惯、学习态度、学习策略等方面的评价可采用问卷调查、教学观摩、访谈等真实性情境的问题解决、课内外作业等方式进行。对学生的思维品质和文化素养的评价可采用课堂观摩、写作文、口试、角色扮演、小组项目与研究等方式进行评价。对语言能力的评价则可采用客观测试、作文考试、口试及表演汇报等方式。对学生的整体评价可采用建立学生档案袋的形式，将反映学生多方面能力的资料系统地收入到学生的个人档案，从而保证对学生评价的全面性、真实性、公正性、发展性和有效性。

评价形式可以有同伴评价、自主评价、家长评价、观众评价、教师评价、教师和学生的合作评价以及主观和客观测试等，使突出学生个性的评价和整体性的评价能够有机地结合起来。教学中，对学生的学习情况和态度的评价，应采取宽松、开放的评价方式。下面介绍几种开放式评价方式：

1. 角色扮演式

根据学生学过的对话内容，给出相似的情境，给出课文对话里学过的主要的单词和句型。让学生分组课外去准备，然后下次课堂上表演。教师根据学生在课堂上的表演来评分。从口头表达能力，语音、语言的流利程度、表演、反应、听力等方面去评价。

2. 看图说话式

把全班学生分成 ABCD 四大组，每组学生发给一张画或一组画。但规定的任务不同。如 A 组学生就那幅画或那组画提问。B 组学生就那幅画准备回答 A 组的问题，而 C 组的学生就同一张或一组画描述那幅画上的内容。D 组的学生看画给 C 组的学生指正。给学生一定的时间准备，准备好了，教师便把一张相同的大的画挂在黑板上，让 A 组的学生提问 B 组的学生。A 组的任何一个学生都可以站起来向 B 组的学生提问。B 组的任何一个学生可以站起来回答。然后让 C 组的学生描述画，D 组的学生站起来给予指正。教师根据学生的表现评分。

3. 听故事或看故事复述

这种故事可以是课本上的，也可以选自其他书本，一般要选情节按照时间顺序发展的，条理性强，容易复述的故事。故事不宜太长，内容也不宜太复杂、太难。

4. 口头报告

给学生一个题目或一份简要的提纲，要求他们准备一段若干分钟的讲话，选题应是人人都有话可讲的人或事。

5. 讨论

把学生分成若干小组，每个组给一个话题，让他们讨论，教师根据学生的表现评分。

终结性评价用于检验学生学期或学年对日语课程规定的内容掌握的情况，其目的是让学生了解自我，形成适当的压力，鞭策学生朝着明确的方向努力。目前对学生学习的评价主要是通过考试的卷面分数，考试的内容主要是考语言知识，对学生交际能力不进行考查。对学习课内、外的学习情况及表现也很少考虑。对一个学生学习外语的评价不应只看他的卷面分数，还应增加以下几个方面的内容。第一，口语测试。第二，学生在学习过程中所表现的情感、学习兴趣、态度、动机、自信心和克服困难的意志。第三，课堂反应和表现。如注意力集中、认真听课、记笔记，积极参与课堂各种教学活动，积极与其他同学合作。主动回答教师的提问。第四，课外活动的表现，是否积极参与课外活动，善于创造和把握机会使用外语，交际遇到困难时设法继续交际，与其他同学合作的意识和精神。第五，能积极探索有效的，适合自己的学习方法，学会自学，养成良好的学习习惯，学习中遇到困难是否知道如何获得帮助。认真、按时完成教师布置的课外作业。

第三章　文化理念引领日语教学

语言与文化的学习是一个复杂漫长的过程，它们有着不可分割的密切联系，这一点已引起了很多日语教学者的重视。在日语教学过程中，教师不应当仅仅只是教授学生们相关的日语知识，同时还需要向学生讲授日语知识背后的文化内容，以此提高学生们的跨文化学习能力，提高学生的综合素质。本章从文化理念的视角对日语教学展开分析。

第一节　文化与日本文化

一、文化的界定与特征

（一）文化的界定

文化，就词的释意来说，文就是“记录、表达和评述”，化就是“分析、理解和包容”。人类传统的观念认为，文化是一种社会现象，它是由人类长期创造形成的产物，同时又是一种历史现象，是人类社会与历史的积淀物。确切地说，文化是凝结在物质之中又游离于物质之外的，能够被传承的国家或民族的历史、地理、风土人情、传统习俗、生活方式、文学艺术、行为规范、思维方式、价值观念等，它是人类相互之间进行交流的普遍认可的一种能够传承的意识形态，是对客观世界感性上的知识与经验的升华。①

从语义来源上看，“文化”一词来源于《易经·贲卦象辞》：“刚柔交错，天文也；文明以止，人文也。观乎天文，以察时变，观乎人文，以化成天

① 戴有山，秦强．文化凝聚中国［M］．北京：中国旅游出版社，2020：1.

下。”所谓文化其实是“人文化成”一语的缩写。所谓文，就是指一切现象或形相；天文就是指自然现象，也就是由阴阳、刚柔、正负、雌雄等两端力量交互作用而形成的错综复杂、多姿多彩的自然世界；所谓人文，就是指自然现象经过人的认识、点化、改造、重组而形成的事物。①

（二）文化的特征

1. 文化的习得性

文化是人们作为社会成员习得的复杂整体，它包括知识、信仰、艺术、道德、法律、习俗和其他的能力与习性。其中关键是“人们作为社会成员习得”，重点在于人们通过学习而不是通过生物遗传获得各种文化属性，这需要人们在某个特定社会中成长，每个人通过有意识与无意识的学习，以及与他人互动的过程随时开始内化或整合一种文化传统。可以说，与动物相比，人们能够轻易地吸收任何一套文化的传统，凭借的是人类独一无二的复杂学习能力。因此人类以文化学习为基础，创造、记忆与处理了许多观念。学习的方式主要有两种：第一种是“文化继承”，学习自己民族的文化，从而保持了本民族文化的延续，形成独特的民族个性。第二种则是“文化移入”，即学习外来文化。在一个民族或群体的文化演变过程中，不可避免地要学习、融进其他民族或群体的文化内容，甚至使其成为本民族或群体的文化的典型特征。

2. 符号性

人是一种“符号的动物”，符号化的思维和符号化的行为是人类生活中最富代表性的特征，人类创造文化的过程，就是不断发明和运用符号的过程。文化也不是与生俱来的，而是通过符号被人们习得和传授的知识。② 在文化创造中，人类不断把对世界的认识、对事物和现象的意义及价值的理解转化为一定的具体可感的形式或行为方式，从而使这些特定的形式或行为方式产生一定的象征意义，构成文化符号，成为人们生活中必须遵循的习俗或法则。任何文化都有一种象征符号的系统，也使生活在这种文化当中的人有其特定的思维和行为方式，在充满文化符号的世界中，人类有习俗、法则约束，并且可以通过对文化制约的承受而表现其人生的意义和价值。

3. 民族性

文化不可能凭空产生和存在，它植根于人类社会，而人类社会总是以相对

---

① 戴有山，秦强．文化凝聚中国［M］．北京：中国旅游出版社，2020：2.

② 宋艳军；彭远；凡素平．全球化语境下的日语文化教学研究［M］．青岛：中国海洋大学出版社，2019：19.

集中聚居并有共同生活历史的民族为区分单位的，因此一定的文化总是在一定民族的机体上生长起来的。不同的自然条件和地缘因素的共同作用使人类形成不同的价值系统、思维模式和行为倾向，由此便会产生区别于其他群体的文化特质。事实上整体的文化正是由许多互有差异的具体文化类型所组成。

文化，按其产生与存在而言，原本都是民族的。越是古老的社会，文化的民族性就越鲜明，因为民族是一种社会共同体。一个民族，一定要有共同的地域，共同的经济，共同的语言及表现共同心理的共同文化。这里强调的共同地域、共同经济共同语言、共同心理都是重要的文化元素。民族群体是民族文化的土壤和载体，文化的疆界通常总是和民族的疆界相一致，民族的特征除了体貌特征之外就是文化的特征，所谓民族性主要也是指文化上的特性。①

二、日本文化的形成

（一）日本文化的起源

日本历史始于石器的出现，绳纹时代即是日本的石器时代。考古发掘出的那个时期的陶器表面带有丰富多彩的草绳模样，史称绳纹陶器。绳纹陶器历史久远，外观渐趋复杂，花纹日益丰富多彩，说明当时陶器工艺的成熟以及石器加工的发达。尽管当时日本已经处于新石器时代，但因岛国的地理位置，致使当时欧亚大陆的先进文化未能进入日本。绳纹人群居竖穴，仍以捕鱼、狩猎、采集为生，不知农耕。生产力的滞后，亦使其当时社会滞留在母系民族公社阶段。巫术支配人们的原始社会生活，也支配着人们的精神生活。

在公元前 2 世纪至公元 3 世纪，日本历史进入弥生时代。考古学家在东京都文京区弥生街。发掘出不同绳纹陶器的新式陶器，史称弥生陶器。弥生陶器器形简单，花纹也不繁杂，与绳纹陶器迥然不同，反映出一种新的审美情趣。一般认为，弥生陶器是从海外输入的，即可能是从大陆迁入的民族带去了新的弥生文化。新的文化虽然战胜原有的绳纹文化而成为日本文化的主流，但外来人终被原住居民所同化，日本民族并未因之而断续。弥生时代的生产力有了很大的提高，这是因为先进的大陆文明经由朝鲜半岛传到了日本，促使日本很快进入以稻作农耕经济为主的农耕社会，石器时代进入了铁器时代。弥生人从事农耕，种植粮食，共同劳动逐渐形成大的村落，父系社会制度取代了母系制度，阶级差别和政治支配关系也逐渐形成。当时，自然崇拜和巫术迷信依然支

① 宋艳军；彭远；凡素平．全球化语境下的日语文化教学研究［M］．青岛：中国海洋大学出版社，2019：19.

配着人们的精神生活，特别是农耕祭祀活动盛行，成为弥生文化的一大特征。

从3世纪到7世纪，以畿内为中心，全国各地建造了许多以前方后圆坟为代表的高冢古坟，标志着日本由弥生文化进入古坟文化的时代。古坟的建筑需要征集大批劳动力，坟内陪葬有镜、剑、勾玉等精致工艺品，象征着死者生前拥有强大权力。这与一般民众死后的简易安葬形成鲜明对照，说明强大的专制集权已经形成，即以畿内为中心的大和国终于在5世纪初统一了日本。这个时期，日本不仅源源不断地输入物质文明，而且开始导入中国的精神文明。一方面，移居日本的汉人和韩人（即所谓“归化人”）开始使用汉字记事，另一方面，中国的阴阳、天文等知识传入日本。到6世纪，儒家经典、佛教等亦经朝鲜半岛传入日本，揭开了日本精神文化的序章。

（二）日本文化形成中的外来文化本土化现象

1. 日本文化对外来文化的模仿复制

早在5世纪，中国出现了东渡现象，中国文化开始进入日本境内，并对日本文化造成了较大冲击。在该过程中，日本看到了中国文化的可取之处，开始借鉴和吸收中国的农耕文化。到7世纪左右，日本大规模地吸收中国的儒家思想，并将本土文化与儒家思想充分结合起来。此外，日本的革新派还将中国唐朝时期的基本律令作为文化革新的主要模板，进行政治、经济等方面的变革。但在此过程中，日本基本上是对中国文化照抄照搬和直接复制。例如，中国有元旦、七夕、端午等传统节日，日本模仿复制中国的节日文化，最终形成自己的文化。中国唐代在其鼎盛时期，其歌舞享誉世界，日本吸收借鉴这些歌舞文化的精髓，形成了经久不衰的“雅乐”。在日本文学中，也大量模仿中国的古诗，极大丰富了日本文化的内涵。

2. 日本文化对外来文化的综合创新

到19世纪中叶，日本受西方列强压迫，被迫打开国门。这一时期，日本封闭式的文化受到西方文化冲击，并开始向西方国家文化靠拢。日本是一个典型的岛国，具有浓厚的岛国文化。在西方入侵过程中，日本开始借鉴西方文化的先进之处，充分利用岛国的地理优势，使文化发展更具兼容性、开放性、冒险性、进取性、外向性和拓展性。日本为发展国家经济和文化，在这一时期，开始大规模地引进西方思想，使日本文化与西方先进思想文化产生碰撞、交融。日本文化受西方荷兰文化，即兰学思想的影响较大，文化发展逐渐向西方先进文化靠拢，并彻底摆脱了传统的农耕文明，为之后的明治维新奠基了坚实的文化基础。[①] 该时期，日本对外来文化的吸收，不再局限于模仿和复制，而是结合本国实际，不断创新。当前的日本文化是日本明白了文化创新的重要性，综合各种外来文化进行创新的成果。例如，日本假名文的发明，极大地促进了日本文化的繁荣和日本人思想的独立，最终形成日本独特的文字形式。此外，日本还将中国的佛教和日本本土的神学融为一体，将佛教的重来世思想修正为重现世。正是由于日本善于将传统文化与外来文化进行整合创新，才使日本文化具有强大生命力。

三、日本文化的特征

（一）吸收性和独立性

汉字对于日本语言的影响极大。最初传入日本的中国汉字是刻在鼎等器具上的铭文，是比较早期的文字。到了 3 世纪的时候，儒家文化的经典论著逐渐进入日本。经过几个世纪的传播与发展，日本人对于传入中国的汉字进行改良和简化，从而创造了平假名和片假名。但是现代日本人使用的文字中还保留了不少汉字，所以在观看一部分日本文艺作品时，日本文字中常常掺杂一些繁体汉字，有一种似曾相识的感觉。

日本文化的吸收性和独立性可以从日本的社会环境中窥见一角。日本社会虽然已经实现了高度的现代化，但是日本社会仍旧保留了一部分传统民俗。日本人爱吃一些生冷的东西，比如生鱼片、刺身等，不喜欢吃太多有调味料的东西，追求自然的口感。另外，日本人的审美情趣偏向淡雅风，很多家居用品仍然延续质朴简单的风格，比如日本的无印良品就是以追求极简淡雅风格而著称。另外，日本人对于家族意识比较推崇，日本的女人在结婚以后对自己的丈夫温柔依赖，将家庭照顾的无微不至。类似种种社会现象都能够体现出日本文化虽然集合了很多文化的因素，但还是保持住了自己的本土风味和独立性。

（二）崇尚团体的意识

日本是一个非常注重团体意识的国家。日本人对于意志力的培养从幼儿时期开始，他们认为培养坚强的意志力非常重要，对于人以后的成长有决定性作用，具备较高意志力的人更容易在社会上获得成功。从意志力培养延伸到团体意识的培养，日本人也同样极其注重团体意识的培育。

---

① 宋艳军；彭远；凡素平．全球化语境下的日语文化教学研究［M］．青岛：中国海洋大学出版社，2019：31.

日本的团体意识与其他国家有所区别，其他国家的团体意识是指成员受到团体以外其他人或者集体的攻击时，所在团体的成员要站出来保护他，并对其他团体予以回击；但是日本的团体意识则刚好是相反的。[①] 人们要先取得在其他团体和人群中的尊重，才能巩固自己在本团体中的地位和影响力。一旦有其他团体或者个人对于某个成员进行攻击和指责，这个人在团体中的地位就容易受到动摇，甚至团体里的人还会排挤和抛弃该成员。所以日本人在团队中最惧怕的就是受到其他团队的指责和本团队的排斥。这种团体意识的意义在于团队的荣誉大于个人的荣誉，如果成员的行为于团队不利，就不再受到团队的保护和支持。这种团队精神在日本相当多的文化作品中表现得较为普遍。

（三）侵蚀性

日本文化除了吸收其他不同文化之外，也很重视文化的输出。但是日本对于文化输出方面有着极强的野心，想要通过文化输出来侵蚀其他国家的本土文化。比如我国就长期受到日本文化的侵蚀。日本动漫和日剧在当前社会的年轻人群中颇受追捧，远远超过国产动漫和国产电视剧的普及率和覆盖率。日本的文化产业相当繁荣，尤其是动漫和电视剧，为了收获更多的受众，他们将不同的人群进行细分，并根据这些群体的喜好和特点来生产文化产品。中国人刚刚开始接触漫画的时候，很多人认为漫画就是小孩子接触和喜欢的东西，尤其是画面鲜艳漂亮的漫画，主要就是给女孩子阅读的。但是通过研究来看，日本的漫画覆盖的年龄段和人群远远超出人们的想象。日本动漫极其善于将动漫内容和生活相结合，所以日本动画占据十分重要的地位。日本动漫引入我国以后，就受到了很多年轻群体的喜爱，很多人痴迷动漫，省吃俭用也要买作品和周边产品。以日本动漫为代表的日本文化对于我国社会尤其是年轻群体有着一定的侵蚀性。很多年轻人在观看日本动漫以后，容易受到其思维模式和价值观念的影响，对于新时期我国文化建设工作有一定的阻碍作用。所以我们不得不警惕日本文化的侵蚀性。

---

① 宋艳军；彭远；凡素平．全球化语境下的日语文化教学研究［M］．青岛：中国海洋大学出版社，2019：33.

第二节 跨文化背景下的日语交际规则

一、日本人与语言交际

（一）日本人的群体文化特征

语言是民族的语言、社会的语言，使用语言的人也具有民族的属性和社会的属性，这就使语言和人有机地结合在一起。人们在研究民族性时，常常作出西方社会是个体文化、日本社会是群体文化的规定。①

从一个民族的角度、从语言行为的角度来说，习惯性性格即相当于社交性特点，西方社会的社交层厚、日本社会的社交层薄。

社交层也可称为“对人黏着层”，即与外部接触时容许对方涉入的范围。社交层厚即善于社交，社交层薄即容易受伤害。出于防备受伤害的心理，日本人的语言行为也表现出很多特点，如力避激烈的言辞，不与人争论，语言表达间接、委婉、含蓄等。日语中秽言、辱骂人的词语极为少见亦与此有直接关系。社交层的薄厚也是独立性强弱的表现，日本人缺乏自信，对别人的评价十分关心，进而形成的所谓“耻羞文化”亦与此关系颇大。作为一个民族，社交层薄则促成了保护自己的民族心理和文化特征，这就是日本文化的“群体心理”或“群体主义”特征。这种特征不可避免地在日本人的社会生活中折射出各方面的特点，规范着这个民族的行为模式，其对日本语言和日本人的语言行为及交际方式亦产生规定性作用。

在群体主义社会，日本人遵循的另一个行为准则是“序列”。序列有年龄的长幼、地位的高低、身份的贵贱、资历的长短、经历的先后之分，人们严格按序列行事，不容许“冒尖”“突出自己”。

（二）日本人与敬语

在语言行为上，后者要对前者使用敬语，不能直呼其名，否则会被认为是“不知分寸”“不知自量”“狂妄”而遭到排斥。

---

① 董春芹．跨文化视域下的日语教学研究［M］．长春：吉林人民出版社，2019：47.

其一，以群体为中心、以和为贵以及序列意识等道德规范严重地束缚着日本人的思维方式和言行，使日本人形成了很多独特的性格。例如，日本人很注意社会评价，常常因人言而左右自己，对外界有恐惧感。因此，他们善于体察对方的心境和意向，不善于积极的交际，与“外者”交往时总有一种“不好意思”“害羞”的感觉。

其二，日本人认为群体是由利益关系结合在一起的，因此十分注重“义理人情”，视“有恩必报”为美德。大到父母的养育之恩，小到吃一顿饭、喝一杯茶都是恩，因此，日本人挂在嘴边的“谢谢啦”绝非虚伪之谈。

其三，日本文化的他律性养成了日本人不善交际的内向性格，这也是“克己”的自我压抑造成的。在人际交往中，日本人视“沉默”为美德，崇尚“以心传心”，“饶舌家”和善辩被人看不起。因此，日本人很少与人争辩或论理，与人谈话时亦总是听多言少、随声附和，很少夸夸其谈地发表自己的见解。

其四，日本人即使有明确的主张，也不用“我认为是这样的”“我的意见是这样的”等直接的表达方式，这样做的目的是表示自己不能强加于人，给对方留下思考、判断的余地。这种语言行为往往不能为外国人所理解，认为是暧昧，也容易被误解。

二、日语交际规则

（一）启动规则

与具有不同文化和使用不同语言的人交际，最为困难的是如何开始交谈、怎样交谈。这里面既有文化规则，也有语言规则，在这里权且称为启动规则。用日语与日本人交际，首先遇到的问题是问候。中国人之间常说“吃饭了吗?”“上班去啊?”这些语言的功能都是表示友好的问候、打招呼。日本人则不同，他们问候的注意力不是放在对对方私事的关心上，而是对对方行为的赞誉和群体的融合上。例如，早上见面时用“起早”问候，表示赞誉对方起得早，而在农耕社会的日本，“起早”即是勤劳的同义语。

一般情况下，日本人在商谈正事之前，都要花费一些时间谈论对方感兴趣的话题或天气情况、热门话题等共同关心的事情，以便相互沟通，奠定感情基础。[①] 因为日本人不善于与群体外的人或陌生人交际，所以这个环节是十分必

① 董春芹. 跨文化视域下的日语教学研究［M］. 长春：吉林人民出版社，2019：50.

要的。既然是出于这种原因和目的，交谈时切忌只谈论自己关心的事而不顾及对方，也要力避口若悬河、夸夸其谈，否则日本人将持不信任态度，对你也没有好感。尤其是有长者在场的时候，说话的主动权掌握在长者手中，除非长者开始说话，否则保持沉默是上策。连珠炮般向长者提问题或把他硬拉进来谈话，是十分不礼貌的。

（二）参与者规则

一个人构不成交际，交际需要有参与者。参与者在交际体系中构成网络，形成参与者规则。在与日本人交际时，主要应该注意的是上下关系和内外关系，当然有时亦交织着利益关系。关系不同，则举止不同，采用的语言变体也不同。一般来说，对长者、外者或利益上的施予者说话要表示敬意：使用敬语变体、称呼要客气、态度要谦恭、选择话题要谨慎，还要尽可能地考虑到对方的需要和期望。做到这些的前提是善于观察和分析，尤其是与两个以上的日本人交谈时，要弄清他们之间的相互关系，判断应该将最大的交际注意力放在谁身上，切忌只照顾下者而置长者于不顾，这实质上是破坏了日本人严格的序列制度，是不能容忍的。

上下、内外、利益关系相互交错，在实际交际中处理起来并不容易。例如，一个公司的经理和同一个公司的职员，在公司内部他们是上下级关系，交谈有上下之分，但当一个外公司的经理参与谈话时，下者必须把注意力转向“外”人，尊敬的对象不再是自己的经理。

（三）内容规则

任何语言交际都伴随着一定的目的，而目的常常是通过内容来体现的。从与日本人交际的角度来说，谈论相互熟悉的地方和事物或者共同的经历和兴趣爱好都是很好的话题。①

日本人对谈论本国的社会、政治、宗教等一般都不忌讳，都乐于发表自己的见解，并且也乐于倾听别人的看法。但是，关于天皇问题，一般都避而不论，因为天皇在日本人的心目中是个微妙的存在，是个敏感的问题。一般而论，日本人不太喜欢别人问及自己的收入情况、财产和年龄等，视此为私事。日本人不喜欢谈自己，也不习惯直截了当地阐述自己的主张和提出自己的愿望和要求。涉及这些问题时，语言表达委婉、含蓄，如果对方能意识到这一点，交际则会顺利进行。日本人喜欢当面称赞对方，但期待的是对方对此的感谢和

---

① 董春芹．跨文化视域下的日语教学研究［M］．长春：吉林人民出版社，2019：51.

自我否定，而不是欣然认可。

第三节 文化理念引领下日语教学与语境构建

一、语境与日语教学

（一）语境的含义

一般而言，语境就是语言的环境，指的是人们用语言进行交际时的具体环境。语境这一概念最初是英国人类学家马林诺夫斯基（Malinowski）提出的。在他看来，语言是人们行为的方式，语言与环境紧密结合在一起，语言不能独立于语境而存在。语境与语言有密切关系，语境对理解语言提供一定的背景知识、起一定的解释性作用，同时也有一定的制约性。之后，英国著名语言学家弗斯（Firth）对语境研究又进一步深入，发展了马林诺夫斯基的理论，将语境概念引入语言学，总结出语境理论。后来，韩礼德（Halliday）又完善了马林诺夫斯基和弗斯关于语境的思想，他从语言的功能出发，总结出系统功能语境理论，将语境分为文化语境、情景语境和上下文语境。

（二）语境与日语教学的关联

1. 语境与日语词汇教学

日语的词汇对语境有很强的依赖性。对词汇语境可以作如下的诠释：词汇语境即一个词或短语在毗邻单词、句子或段落中所处的语言环境。利用语境学习词汇是词汇学习的主要途径。首先，一个词或短语如果脱离了具体的语境，便纯粹成为一个符号，只有它的概念意义。其次，同一个单词在不同的语境中具有不同的意义，特别是日语中有许多词一词多意，其具体意义只能靠语境确定。词语的使用离不开一定的客观条件和背景，语言活动总是在特定的时间、特定的空间、特定的背景、特定的人之间进行的，对词语的确切理解和掌握必须考虑这些语言外的语境因素。

2. 语境与日语阅读教学

在语篇阅读中，语言形式表示的意义和语境有着非常密切的关系。要理解这一点，首先要区别两种意义，一是句子意义，一是话语意义。句子是一个语法范畴的概念，它是语言的语法单位，它的构成要符合一定的语法规则。话语则是语言交际的一种单位，每一段话语都有一定的交际价值。话语的意义是具体的，因为话语的意义是句子意义和语境相结合的产物，话语的意义存在于语境中，在教学中利用语境分析语篇可以培养和提高学生的阅读能力，使学生通过语境理解句子的复杂含义。

根据韩礼德的观点，语篇作为语域概念，不是由句子构成，而是由句子实现的，它是一个传递文化和社会意义的语义系统，是文化和社会意义在一定语境中的实现。韩礼德的这一语境理论对语篇阅读教学具有重要的指导意义。话语的文化语境是指目标语所包含的文化习俗、社会价值观、历史与现状等文化知识。

3. 语境与日语翻译教学

翻译是语际之间的信息传递和文化交流。对于译者来说，透彻地理解原文和准确地运用译入语表达原文都离不开语境。翻译一般是寻求原文与译文在意义上的对等。翻译的对等是建立在语篇上，即翻译应该寻求两种语言的语篇在同一整体语境中具有相同的意义和相同的功能。语境对语言所表达的意义的制约和解释是通过语言知识和语言外知识两个方面得以完成的。在翻译活动中，译者要理解原语文本，就要重视语境的各种因素，解读语篇的字面意义和由上下文所决定的深层涵义。

二、在日语教学中构建语境的必要性

（一）教学目标决定

语言教学的最终目标是培养学生以书面或口头方式进行交际的能力。因此日语教学的终极目标是教会学生如何用日语进行得体的交际。判断一个人的交际能力如何，主要看他在具体的语境下能否做到用词准确、表达得体。由于条件所限，中国学生很少有机会直接从纯日语环境中习得这门外语。最切实可行的方法是在日语教学中采取日语语境教学，即通过模拟真实的语言环境，创设日语学习的语言氛围，激发学生潜能，倡导学生体验、参与、合作与交流。

（二）学科特性决定

日语学习的终极目的是运用日语进行交际。运用的基础是语言知识（包括语音、词汇、语法）和语言技能（包括听、说、读、写）。在进行日语基础知识的学习过程中，必须充分注意日语语境的作用。如果忽视了这一点，即使你语音纯正，词汇量丰富，语法规则熟练，也不可能有效地学习日语，正确得体地运用日语。由此看来，得体地运用日语比“正确”地运用日语更重要。

三、文化理念引领下的日语教学语境的构建方法

（一）丰富日语相关文化知识

1. 课内积累

日语学习的主要阵地就是日语教学课堂。广大日语教师应充分利用好这一主要阵地，对学生进行文化知识的传输和文化意识的培养。但是，日语课堂教学课时紧张、任务繁重，如果教师头脑中没有文化教学的意识，就很容易在课堂教学中片面强调语言知识的讲解而忽略了文化意识的培养，从而使学生对于日语语言的掌握仅仅是停留在语言的层面上，对很多日本文化的典故，背景知识、风俗习惯都不知所然。

作为日语教师，首先要充分利用教材内容，利用与课文有关的文化内容和文化背景知识，向学生传输文化信息，只要教师在头脑中始终保持文化教学这一思想，并充分利用课文中的这些材料，就完全可以在教授语言的同时培养学生的文化意识。

2. 课外积累

比如，可以定期或不定期地组织一些日语专题讲座，邀请学校留学归国的教师或外籍教师来介绍一些文化习俗方面的知识，可以举办日本影视或音乐欣赏会，通过喜闻乐见的方式来让同学们更多地了解日本人的学习、生活、爱情、工作等方面的状况，更真切地去感受日本文化，进而学会去欣赏，也可以结合一些日本重要的假日举办一些晚会和活动。让同学们在活动的准备、组织和参与的过程中，去亲身了解日本的民情风俗。丰富多彩的课外活动可以起到课堂达不到的更轻松真实，知识覆盖面广的效果，它不仅可以帮助同学们更好地了解文化，培养文化意识，还有助于扩大学生的视野，培养他们的交际能力。

（二）组织合作学习

目前，我国日语教学依然采取大课堂授课的方式，每班学生较多，教师在有限的课堂时间里难以让每个学生都获得足够的听说机会。采取分组合作学习则是解决这一问题的有效方法之一。根据每堂课不同教学目标和内容，可采用如下所列的各种合作学习方式。

陈述式：要求小组每个成员运用所学的语言知识陈述个人观点，每个学生在发言前需先变化语言表达方式。

讨论式：各小组根据教师给出的话题或问题展开讨论。每个组员片面发表意见，抽成员向全班汇报。

探索式：教师先提供给各小组一些词汇、短语或图片，让学生据此做出反应。在交流反馈后，再组织学习新的语言材料。

（三）重视日语社团的作用

日语社团对学生学习日语来说是一种很好的组织形式，特别能为每个学生在课外提供充分表现自我的舞台，展现每个人的日语水平和个人风采。同时日语社团也是很好的学习交流平台，使不同日语水平的同学能找到相应的学习伙伴，相互学习，相互鼓励，树立起提高日语的自信心。社团拥有独特的组织优势，可以开展日语学习交流，请优秀同学介绍学习经验，开展校际日语交流，使学生了解其他学校同学的学习情况，激发学习兴趣；还可以组织日语专题讲座，通过日语学习技巧、日本文化等专题讲座，进一步开拓学生的视野。组织学生欣赏日语原版影片，这不仅使日语听力练习更具趣味性，而且能帮助学生了解日语国家的语言习惯和风俗文化。社团组织日语水平较好的同学作为青年志愿者，参与公益活动也是一种很好的形式。学生在这些活动中能得到成就感并增强社会责任感，而活动本身的要求也对学生的日语综合素质形成了外在的压力，促使学生自觉地加强日语的学习。

（四）适当评价日语语境教学效果

注重对语境教学效果的评价，避免评价的消极性，发挥评价的激励导向功能。消极的评价容易使学生丧失了自尊心和自豪感，产生了厌学心理。因此，日语教师要充分肯定学生的进步，引导学生分阶段对自己进行自我评价，鼓励学生自我反思，自我提高。

第四节　文化理念引领下日语听说读写译教学的发展

一、文化理念引领下的日语听力教学

（一）日语听力教学现状

1. 听力教材缺乏趣味性

首先，传统的听力教材基本上都是为语言教学目的而编写的，因此常显得不自然，缺乏趣味性，与现实交际中使用的口头语言有很大不同。口语包含有许多不完整的句子、停顿、重复话语和语气词等，长期使用非真实语言材料会使学生误认为将来在日常生活中听的就是这种语言。他们也许能很好地应付考试，但一旦与日本人进行实际交谈，就不一定能听懂。

2. 忽略日本文化的讲解

目前的日语听力课堂教学过程中普遍不重视对学生的语感进行培养。甚至部分教师觉得听力关键看词汇量，缺少对日本文化背景的剖析。而事实上，语言的学习和文化的了解是息息相关的。无论以何种语言进行会话交流，都需要通过之前的内容对下面内容进行预判。① 在日语中只有了解日本人的思维方式、语言习惯和生活方式，了解日本社会和日本的文化背景才能做出合理的预判，才能身临其境地把握语言所要传达的信息。有些教师单纯地让学生听懂听力材料里说什么，却不从文化背景方面剖析为什么要这么说，这样也只能叫做机械地“填鸭式”教学，没有真正让学生明白日语交流的前后逻辑关系。

（二）日语听力教学的发展对策

1. 选择趣味性较强的听力教材，丰富教学内容

听力教材以及听力教学内容的选择，一直是困扰日语听力教师的大问题。目前看来，可以兼顾趣味性和实用性的日语听力教材，市面上极为少见。为了丰富日语听力课堂，可以在原有日语听力教材的基础上，自己补充一些课本之外的内容，从而激发学生的学习兴趣。

---

① 贾驰，高用顺，高琴．日语专业听力教学方法改革与创新［J］．沈阳农业大学学报（社会科学版），2016，18（2）．

2. 打破传统的教学模式，将日本文化等内容融入听力课堂教学

传统的教学模式，已经不再适合现在的“95后”以及“00后”的学生，因此，作为教师，要想方设法让自己的课堂变得生动有趣，从而培养出学生对于日语听力的学习兴趣。在日语听力的日常教学过程中，必然会遇到一些与日本文化相关的单词或者句子。这时，作为教师，可以通过这一个单词或者句子，引导学生进行发散性思维，从而进一步引导学生对于相关的日本文化知识进行学习。学习相关的日本文化，不仅可以让日语课堂更加丰富多彩，生动有趣，培养学生的学习兴趣，还可以帮助学生奠定相应的日本文化的知识基础。

二、文化理念引领下的日语口语教学

（一）日语口语教学现状

1. 教师忽视学生交际能力的培养

目前，许多教师在日语口语教学上虽已逐渐重视通过融入日本文化来加深学生对日语的理解能力，但是在教学方式上仍旧只是采取教师讲授为主的教学方式，在教学内容上，更是多以理论知识为主而忽视了对学生语言交际能力的培养，进而使得许多学生的日语学习成为“哑巴日语”。

2. 日语语言环境较为单一

由于学习日语的学生数量较少，从而使得学生之间用日语交流的机会较少，各学校关于日语口语的社团等难以组织起来，不断弱化了日语语言环境。在这种情况下，学生严重缺乏实践机会，进而使其日语的应用和交际能力无法得到提升。

（二）日语口语教学的发展对策

1. 创设日语交际语境

语言的学习离不开语境的带入与影响，因此，教师在日语口语的教学中需要为学生创设日语交际语境，不断提高学生对日语的理解能力，加深其认识程度。在日常的教学中，教师需要改变一味灌输理论知识的教学模式，想方设法为学生创设语言情境，例如组织学生观赏日语影视作品、动漫，增强学生与日语外教的交流与沟通等，进而帮助学生了解日本的文化，引起学生的兴趣。此外，教师还可开展日语对话或情景表演的练习，如给出既定情节，由学生自行分组，并按照自己的想法编制出一个完整的小故事，通过对话或表演等方式将故事讲述或演绎出来，进而为学生营造一个最直观的学习情境，不断培养学生

的日语交际能力。

2. 注重理论与实践的相结合

教师应对日语口语教学中理论与实际部分分配合理的比例，在讲解了理论知识以后，更要注重学生实践能力的练习。在日常生活中，由于学生日语学习环境较为单一，通常只集中于课堂上，因此，教师应积极为学生创造学习日语的氛围，组织他们进行社会实践。这样学生可以通过他人的描述以及在自己和他人的交流环境中快速提升自身的口语表达能力以及交际能力。

三、文化理念引领下的日语阅读教学

（一）日语阅读教学现状

1. 阅读教学范围缺少延展性

在日语阅读教学中，教师受到传统教学观念的影响，基本完全按照教材内容来开展阅读教学，导致阅读教学的范围比较小，并且阅读教学缺乏延展性。日语在我国的学习起步时间比较晚，整体的学习力度比较小，局限于课本教学对学生的日语运用能力发展不利，阅读材料的内容比较陈旧，题材相对来说也比较单一，并且获取阅读材料的途径也比较少，这对日语阅读教学非常不利。

2. 忽视了阅读技巧和策略的培养

在当前的日语阅读教学中，教师注重阅读内容的讲解，但是却很少对学生的阅读技巧和阅读策略进行指导，导致学生对教师的依赖性非常大，学生自己分析问题和解决问题的能力较差，很难自行根据材料内容来进行推理，导致学生的阅读能力和阅读水平难以提升。

（二）日语入读教学发展对策

1. 选择题材多样的阅读材料

在日语阅读教学中，教师要通过多渠道来获取阅读材料，结合学生的兴趣爱好和现实的学习需求来选择合适的阅读材料，从学生喜欢阅读的内容和意愿出发来精心选择阅读材料。另外，教师还可以，通过日语学习杂志、日文网站等来获取原版读物，选择各种类型和题材的阅读材料，将寓言故事、新闻报道、散文、娱乐文化、科技信息、历史地理、热门话题和日常生活等话题都融入阅读教学中，让学生接触更加丰富的阅读材料，接触不同的题材，拓宽学生的视野，通过更加丰富和具有趣味的阅读材料来激发学生的兴趣，并提升学生的阅读水平。

2. 指导学生掌握阅读技巧和策略

在日语阅读教学中，教师要积极响应新课程标准的要求，重视对学生学习策略的指导，让学生能够学会学习，摆脱对教师的依赖性。在阅读教学中，教师不仅要将阅读内容传授给学生，同时还应该将阅读的方法和技巧传授给学生。在具体的课堂教学中，教师要根据具体的阅读内容和阅读目标，指导学生采取针对性的阅读方法和技巧。常见的阅读技巧和方法包括快速浏览、细读、找关键词语和主题句、结合上下文进行推理以及根据意境猜测词义等，教师要灵活将这些阅读的方法和技巧融入阅读教学中，潜移默化影响学生，让学生掌握这些方法，从而促使学生的阅读水平提升。

四、文化理念引领下的日语写作教学

（一）日语写作教学现状

1. 师生普遍对日语写作课重视不足

目前的日语能力测试的主要题型为词汇、文法、读解、听力这几大部分，全部是客观选择题，还未出现写作题，因此，学生往往忽视日语写作。在日语教学中，教师注重词汇、文法的讲解，把课时安排的重心放在精读、泛读、听力、会话等基础课程上。即便是设置了写作课，最后也会沦为词汇的讲解和语法的分析。另外，受某些语言专家的影响，大多数学生认为学好日语的最高标准是讲一口流利日语，很少有学生意识到写作能力在今后工作中的重要性。①这样的现状，让日语写作课显得无足轻重。

2. 受汉语思维影响，写作的文章是中文式日语

对于大多数学生来说，日语表达能力还极其有限，而汉语的思维能力却相当成熟，十分活跃。因此针对这种心有余而力不足的现状，要重新给自己在日语世界里一个恰当的定位。学生的目的是在已知日语表达手段的制约下流畅地表达思想，但是大多数学生在用日语写作时，往往先打好中文腹稿，然后用所学的有限日语词汇逐字逐句硬译，按照汉语的思路去编写日语。因此写出来的句子不符合日语语言表达习惯，甚至令人啼笑皆非。

（二）日语写作教学发展对策

1. 利用日语作文在线评价系统，对学生作文进行详细点评

在学生通过小组讨论后，完成了作文的定稿。让学生使用由早稻田大学日

① 宋艳军；彭远；凡素平．全球化语境下的日语文化教学研究［M］．青岛：中国海洋大学出版社，2019：184.

本语教育研究科教授李在镐、同志社大学长谷部阳一郎等人研制开发的在线日语学习者作文评价系统，对自己写的日语作文进行一个日语写作能力等级的测评。① 通过在线评价，可以增强学生的自我修改的积极性，提高学生的自信心，也对日语写作走向国际化提供了一条外联之路。

2. 循序渐进地引导学生进行写作练习

很多学了两三年日语的同学在写作时，还经常会在一些简单的地方出错，犯低级错误。究其原因，这与日语老师的教学方法有关。很多老师在指导学生作文的时候，都会以“名文”为范，让学生模仿学习，并让他们也试着写出那样的文章，让学生写出“美文”成了指导作文的目标。② 学生在上大学以前大多都已经受过了如何用母语写作的训练，而用日语写作与用母语写作是有很大差别的。日语写作能力是需要在初学阶段就开始慢慢培养的，从写单句到写复句，从写句子到写短文，而并不是等到学生具备很强的长句理解能力了才进行写作训练。教师在教学过程中应要求同学们平时要练习将自己所想、所看到的事物一一用日语表达出来，不是背下课文的句子，而是靠自己组织出语言。在学生几乎没有自己运用语言进行过写作的情况下，即使学过好几年的日语，也写不出好文章，而且句子中还会出现很多低级错误。

五、文化理念引领下的日语翻译教学

（一）日语翻译教学现状

1. 教学模式单一

就当前日语翻译教学现状来看，绝大多数日语教师所运用的教学模式过于单一，以传统教学模式为主，采取“满堂灌”“填鸭式”等传统教学方法，学生的课堂地位十分被动，日语翻译教学课堂缺乏有效的师生互动，课堂气氛过于压抑，教学效果不明显。与此同时，传统的日语翻译教学模式下，课堂讲解以逐句翻译为主，通过学生练习、课堂提问和纠正错误的方式来机械化教学，容易让学生产生疲劳感、依赖感和懈怠感。长此以往，必然会挫伤学生学习积极性和主动性。这种传统单一的教学模式，与专业化、技能型、复合型人才的培养目标相背离。

2. 教材老化、课程设置不合理

目前，我国很多学校日语翻译教材资源和教学设备不充足。现行翻译类教

---

① 刘紫英．日语写作教学改革与实践．管理观察，2017（33）．

② 易阿丹．非专业日语写作教学探析．湖南财经高等专科学校学报，2008，24（1）．

材多以翻译理论介绍、词语翻译，句子翻译及实用文体翻译的顺序进行编写，教材内容有很大的局限性，也缺乏实用性。教师在教学过程中也多以顺译、倒译等翻译技巧为教学重点，对翻译教材过于依赖，多强调对翻译技巧的掌握，而缺乏对学生的实践能力培养，影响了学生的主观能动性。另外，日语翻译课程内容设置不合理，教学课时相对较少，不能让学生进行深入学习，影响学生的翻译能力。

（二）日语翻译教学的发展对策

1. 创新日语翻译教学模式

要进一步创新日语翻译教学模式，开创互动式、多元化日语翻译教学模式。在日语翻译教学中通过师生互动，以教师为主导，以学生为主体，改变传统的单向传授模式，让学生成为真正的学习主体，增强学生日语翻译学习的积极主动性。当然，在具体的日语翻译教学过程中，教师要科学设计，合理安排，统筹规划，让学生能够提前做好充分准备，信心十足的参与互动交流。同时，日语翻译课堂教学过程中，要活跃课堂氛围，采用现代化的教学设备，适当设置分组讨论、情景模拟等形式，在学生的独立思考之后，适当归纳总结翻译技巧，既增强学生储备语言知识的主动性，又有利于学生学思践悟能力的全面提升。

2. 合理安排课程，增设实践性课程

日语翻译能力和水平的高低，直接关系到学生日后的职业发展。目前，我国很多学校在日语翻译教学过程中，课程设计与安排不尽科学、合理。因此，学校要结合学生日语翻译学习实际，根据教材大纲，合理安排课程内容。同时，要根据市场人才发展需求，对日语翻译课程大纲及教材内容进行适当调整，让学生全面掌握日语翻译技能的同时，提高日语知识综合运用能力。此外，日语翻译教材中尽量增加商务、旅游、贸易等方面的内容，不断拓宽学生的知识面，增强学生日语实际运用能力。翻译要求学生具备较强的语言的实践能力，目前，日语专业毕业生除从事语言、文学研究、外语教学工作以外，大多数从事经济合作、对外贸易等相关行业，可以针对学生就业方向增设实践性较强的专业选修课程，用以辅助日语翻译教学。

第四章　生态理念融入日语教学

随着现代科技的进步和现代生活的发展，生态观念深入人心，不仅影响环境、文明、伦理和食品等诸多领域，生态思想更是延伸到大学日语教学中。从生态学的角度来看，生态教学模式更加符合学生的心理发展特征，同时与学生的学习习性和学习形态相契合，使得学生与课堂环境相互影响、相辅相成，构建出和谐共生的生态系统，实现了教师与学生、学生与学生、学生和环境之间的和谐，提高学生的自主创新能力，为学生的成长提供更为良好的环境。本章以生态理念为中心，主要对生态理念做了基本概述，并阐释了生态理念视角下日语教学的发展路径。

第一节　生态理念背景下日语教学的特征与功能

一、生态理念背景下日语教学的特征

（一）整体性

我们所说的存在于生态课堂之中的整体性特征，也就是将大学的日语教学课堂当成了一处小范围拥有生态系统的环境，意义在于生态型课堂当中的每一个元素以及在它们当中的互相作用及联系，用最大的能力去把每一个元素在生态环境中所处的位置调整到最佳，努力去削减存在于其中的限制性元素的量，从而减少限制性元素引起的不良反应，使得生态功能能够在大学日语课堂中发挥出最好的效果。依照作为生态学基本视角之一的整体观，存在于大学日语课堂当中的任意一个元素发生改变之后，都一定会引发一系列的相关反应，从而就会破坏课堂里那些本来拥有的生态平衡状态，打乱课堂有规律的发展方式。

（二）生命性

生命性是生态的根本特征。教学是充满生机、活力的活动过程，是教师通过展示自己的知识才能、人格魅力和提升自身生命价值的过程；也是学生通过学习知识技能、培养情感态度价值观，提高自身的生命质量的过程。教学的生态性最根本的是生命性，整个教学过程都跳动着生命的音符，拨动着生命的旋律，教学奏响的是一曲生命之歌，没有了生命，教学就无从谈起，生命是教学之根本。第一，教学中的教师和学生是作为有生命的人而存在的。教师和学生是教学的主体，是区别于客体“物”的活生生的人。第二，教学活动是由教师和学生的生命存在来维系的，正因为教师和学生的存在，教学才能有组织、有计划地进行，教学活动才能有声有色地开展。第三，教学是充满人性关怀的教学。教师和学生是有独特情感的人，教学不仅是教师和学生智慧的碰撞，也是教师和学生情感的沟通、交流。教学更多地具有人性化的色彩，而不是“非人性”的、完全工具性的枯燥的教学。第四，教学是促进教学主体生命发展的教学。可以说，追求教学主体的生命发展是教学的终极目的，任何教学都是为了求得教学中教师和学生的发展，尤其是学生的发展。总而言之，生命是教学的基点，也是教学的终极追求，没有无生命的教学。

（三）互利共生性

所谓共生性，是指大学日语生态课堂主体之间的相互联系和相互作用，共同生长。作为大学日语生态课堂主体的教师和学生，其共生性主要表现在以下几个方面：一是互利共生关系，即因子之间的相互联系和相互作用是积极的，能够促进彼此的生长，例如，师生之间教学相长的关系及生生之间的互助合作关系。二是偏利共生关系，即生态主体之间相互作用只是对其中的一方有利，而对另一方没有任何影响。传统的以教师讲授为主的课堂最容易滋生偏利共生关系。三是无关共生关系，即生态主体之间的相互作用于彼此既没有好处，也没有坏处，产生这一现象的主要原因是师生之间、生生之间缺乏物质、信息与能量的交换。互利共生关系能够有效降低生态课堂的内耗，提高教学效率，因而备受大学日语生态课堂的青睐。

互利共生是指双方的共生关系对彼此的存在和发展都有利。课堂生态系统强调生态主体之间保持互动。从微观层面看，生态主体间的互动主要是师生互动和生生互动。师生间的互动是一种互利共生的生态关系。课堂教学不仅是师生双方的生命活动，也体现了价值活动，从某种程度上说，学生成长发展的阶段体现了教师生命活动价值的实现程度。师生间的互利共生，需依据语言教学的特性，借助多媒体信息技术和形式多样的教学活动，将课堂教学由教师“一言堂”转为交际互动式课堂，学生成为生态课堂的主体因子，而教师是主导因子；采用课堂学习，课外自主学习和教师监控的学习体系，学生学习由被动“填鸭式”变为自主学习。生生间的互动主要是一种竞争与共生的生态关系。多元竞争是不可避免的一种生态现象，是两种或多种物种利用同一资源而产生的相互竞争关系。大学日语生态课堂应当是以共生为基础的竞争型生态活动。生物群落中的个体或群体之间存在着相互联系、相互吸收营养的现象，所以学生主体之间可以分组开展合作学习活动，以提升学生的社会交际能力，也可以较好地解决大班授课、座位固定、个体差异等造成的消极影响。

（四）开放性

所谓开放性，是指生态课堂及其因子不是封闭的和一成不变的，而是在不断地与外界进行物质、能量与信息的交换，探索适合自身发展的生态位。第一，对于外国语言的教学，我们要突破传统课堂在教学过程中对于时空的限制，努力将课堂所授内容拓宽到与社会紧密相连的部分，指引学生们开拓视野，不仅仅局限于教室这个小课堂当中，要走出去体验社会，进入到社会这个大课堂当中，加强对于课堂学习内容与课外实践之间的联系，重视课内教学与外部社会之间的相互接触。第二，教学方法、教学内容、教学目标等元素必须始终站在时代前列和实践前沿，唯有如此才可以满足学生生命进一步变化与更新的需要和要求。一直以来，大学的日语语言教学就单纯夸大其工具性这个功能，无视了对其人文性这个功能的关注，导致现阶段大学日语语言的教学止步不前。全新的课堂教学，需要兼顾对于语言人文性和工具性的重视，在重点加强在校生进一步掌握更新语言的能力的同时，也需要突出关注对于学生人文素质的教育和训练。也就可以说，生态型课堂所具备的开放性特点给大学日语语言的教学带来了新鲜血液，使之充满了生机。

二、生态理念背景下日语教学的功能

（一）优化结构的功能

课堂生态的基本结构是相对稳定的，由课堂生态主体和课堂生态环境组合而成。课堂生态的营养结构也是比较清楚的，教师生产知识，学生消费知识，环境在过程中起着媒介的作用，在这点上教材扮演着重要角色，学生通过对教材的学习增强自己的知识，提升自己的能力。但是，随着人们生态理念的加强，许多固有的格局被打破，比如，教材不再是知识的唯一载体，网络和多媒体成为重要的知识载体。教师不再是知识的唯一提供者，学生可以互相学习，环境本身也具有一定的教育功能。学生不再是知识的被动吸收者，而是知识的体验者、探究者、发现者和创造者。在这些生态理念的推动下，课堂生态因子之间的互动随之发生变化，课堂生态逐渐由传统型向建构型、共建型等新的生态结构演化，在此过程中课堂生态系统得到不断优化。

（二）调谐关系的功能

教师和学生是课堂生态里面的生态主体，他们之间的关系是课堂生态的重要构成和主要关系。师生关系是流动的、互为依存的，通过课堂教学活动不断调整变化。生态视野下的课堂追求师生之间更多的交互，提倡学生更多的课堂参与，这些教学活动给系统输入新的动能，促成一种新型的互相尊重的和谐师生关系的诞生。此外，生态视野下的课堂打破传统课堂中教师和学生二元对立的模式，重视主体间性，强调学生与教师之间、学生与学生之间、教师与教师之间的多元互通。师生交互的过程中，必然伴随着情感的交流，情感信息在各种生态因子之间发生流动，形成情感交流的动态网络。学生的情感态度会影响教师的教学，教师的情感态度会影响学生的学习，师生在教学生态中不断通过反馈自我调整情感，有利于师生关系的和谐。同时，课堂生态中主体与客体的关系也通过系统的反馈不断优化，关系趋向更加和谐。

（三）促进演化的功能

生态系统的正常运行必须依靠系统与外部环境的物质、能量和信息交换以及在内部的流通，这是系统动力的源泉。课堂生态是一个社会生态，系统的能量并非来自太阳，而是来自师生的课堂交互活动以及系统外部环境的影响。良好的师生关系、好的教学方法、好的学习资源、正面的社会期待等都能对教学产生促进作用。系统的信息主要来自于教师对外部学习资源的转化以及自身的生产创造。伴随着能量和知识的输入，系统内产生了驱动力、信息流和智能流，它们在系统内流通，促进了师生的成长和环境的优化，促进了系统的运行和自然演化。最初来自于外部环境的知识和智能最终通过学生的消化吸收，以自己对社会的贡献等方式返回到社会大生态中。

（四）生态育人的功能

生态系统的最根本功能是提升生产力，课堂生态的根本功能是培育人才。这里的生态育人包含三层意思：①生态主体的共同成长。人是教育的核心元素，育人是教育的根本任务，所以课堂生态的功能归根到底是育人的功能。和谐与共生是生态课堂的根本属性，教师和学生的共同成长是生态课堂的最终目标。传统课堂主要关注学生的发展，生态课堂尊重生命的光彩，包括教师和学生。而且，教师的成长和发展又会反过来促进学生的成长和发展，生命的共同成长进入良性循环。②生态主体的均衡发展和可持续发展。传统课堂主要关注学业成绩，把学生当作产品批量生产，学生的能力提升和情感体验被忽略。现代课堂生态更加关注人的全面自由个性发展，提倡多样性共存。可持续发展指对学生的培养更加放眼长远，注重自主学习能力的培养和终身学习理念的传输，最终通过人的可持续发展促进社会的可持续发展。可持续发展是现代生态学研究的重要领域和重要思想。③育人方式更加生态、更加科学。传统课堂认为，学生是教出来的，没有教不好的学生。现代课堂生态更加重视学生的主观能动性，认为知识是靠自己参与活动体验出来的，是靠自己探究发现出来的，不应迷信教师的权威，要发展自己的判断能力和自主学习的能力。因此灌输式教学不是生态课堂的追求，建构式和共建式课堂是现代课堂生态的主要形态。

第二节　基于生态理念的日语教学理论基础

一、生态学理论

（一）生态学的概念

生态学是研究生物与环境之间相互作用的一门学科，包括生物个体之间、群落之间、生物和非生物之间的相互作用。[①]“生态学”一词是1865年由勒特（Reiter）合并两个希腊词 logos（意即：研究）和 oikos（意即：房屋、住所）构成，德国著名博物学家艾伦斯·海克尔（Ernst Heinrich Haeckel）在其所著的《普通生物形态学》中对该概念又做了进一步的阐释，重点强调了动物与其他生物之间的相生相克关系。

在这之后，作为现代科学体系中的一个关键学科——生态学，得到了确立并慢慢发展起来。一般情况下，研究环境系统是生态学的范畴。“环境”是指

① 张颖．生态翻译学理论与应用研究［M］．长春：吉林人民出版社，2020：17.

相对于人类创造的世界而言的自然世界。生态学研究自然界的各要素以及各要素之间的互动，包括生存、生命、生产之间的密切关系，体现了整体性、总体性和全面性的特征①。

（二）生态学的主要理论

1. 生态位理论

生态位指群落中种群或物种个体占据的一定空间和具有的一定功能。通俗地说，一个物种的生态位就是指它生长在什么地方，起着什么作用。在生态系统中，每一物种都有自己的生态位，并以此保持系统的正常运行。对于生态位的研究也是逐渐深入的，随着不同学者对生态位做出各有侧重的解释，空间生态位、营养生态位、多维生态位、基础生态位、实际生态位等概念也涌现出来。空间生态位主要关注物种所占用的空间问题。营养生态位主要关注物种在其群落中的地位和功能作用，强调物种之间的营养关系。多维生态位主要关注物种在多维空间中的位置。基础生态位指物种在没有种间竞争情况下潜在的可占领的空间。受竞争影响的、现实的生态位称为实际生态位。

教育生态学引进生态位理论，就是为了明确教育的生态个体、生态群体、教育生态系统各自的生态位及其相互竞争和排斥关系。根据生态位理论，教育工作者应该思考几个问题：①如何让每个老师和学生在教学中找到各自生存和发展的空间？更准确地说，就是如何在空间和功能上找准各自的生态位？②在发现生态位重叠时，如何对个人生态位做出调整和改变？如何认清自我，错位发展？⑧从管理角度讲，如何营造多维教学环境，避免严重的生态位重叠和竞争排斥现象？④鉴于在同一生态位下适度的竞争有其积极意义，体现了主动进取、不甘落后的精神，能起到鼓舞斗志、奋发向上的作用和效果，如何适切地运用竞争排斥原理增强学生的学习动机和学习自主性？等等。

2. 生态链法则

自然界的生态链主要指基于能量流的传递摄取而形成的生物体之间的关系。通俗地讲，生态系统中各种生物通过一系列吃与被吃的关系，把这种生物与那种生物紧密地联系起来，这种基于营养关系的联系，一环扣一环，就像一条链子一样，在生态学上被称为食物链。食物链的概念是由美国科学家林德曼（Lindeman）经过3年的生态学研究于1942年提出来的。该理论就是我们常说的“螳螂捕蝉，黄雀在后”。日常生活中常说的“大鱼吃小鱼，小鱼吃小虾，小虾吃泥巴”讲的也是这个道理。

---

① 张颖．生态翻译学理论与应用研究［M］．长春：吉林人民出版社，2020：17.

教育生态链和自然界的食物链具有相似之处，信息流通过程会出现降衰现象，比如从上级部门往下级部门拨款就会出现一级级的衰减。根据生态链法则，物质、能量和信息在生态系统中也可能产生富集过程，即聚集放大效应，就像一条受某种有害物质污染的河流，通过食物链，这种有害物质在人体富集一样。生态系统中营养的富集和降衰，对教育生态也具有启发意义。作为外语教育工作者，我们可以利用生态链法则加以考虑：①日语中听、说、读、写、译5种语言技巧之间的相互作用机理是什么样的？②大学日语不同课程之间的网状关系是怎样的？⑨课堂教学中的信息如何合理流动？知能流如何富集？等等。

二、系统科学理论

（一）系统科学的概述

系统科学主要是以系统作为应用对象与研究内容的一门科学。也就是说，从系统的角度出发，对客观世界的学科展开研究，这就是系统科学。系统科学对系统的要素、结构、行为等多个层面展开研究，尤其是研究客观世界中存在的系统问题与现象，其研究领域也非常广泛，涉及工程技术、自然科学等多个层面。

系统科学与其他的一些重大科学革命类似，标志着人与自然、社会之间的新形式的对话。这场对话的主要内容在于用系统思想、原理、方法等对事物进行研究与观察，对传统科学的方法进行革新，建构人类思维的新模式。

大致来说，系统科学主要包含如下三个阶段。

（1）系统科学的形成阶段（20世纪40—60年代）。

（2）自组织理论的建立阶段（20世纪70—80年代）。

（3）复杂系统科学的兴起阶段（20世纪80年代中期以来）。

这三个阶段的代表性理论包含系统论、控制论、信息论、突变论等。现如今，系统科学已经成为20世纪以来发展最为迅速的一门科学。系统科学的进步与发展使人们对客观世界的认识水平不断推进，从平衡态转向非平衡态，从线性转向非线性，从他组织转向自组织等。

（二）系统科学相关理论

1. 系统论

系统论是研究系统的一般模式、结构和规律的学科[①]。一般来说，系统是

① 黄忠廉．外语研究方法论［M］．北京：商务印书馆，2020：288.

由具有相互联系、相互制约的若干组成部分结合在一起并且具有特定功能的有机整体。在许多工具书中，“系统”概念都被赋予若干种定义。

当然，对于系统的分类，也是多种多样的。早期就被认可的分类应该说是自然系统和人造系统。前者就是已经存在的自然物形成的系统，而实际上大多数系统是经过人的有意识的实践活动的创造而出现或形成的系统。也就是说，自然系统和人造系统相关联或相结合而后形成复合型的系统。如社会系统、科学理论系统、信息系统等。

2. 信息论

对信息的直观而又通俗的理解就是“消息”，它总是伴随着一种传递的过程①。在信息论中，发出信息的一方称为信源，接受信息的一方称为信宿。信息从信源到信宿的传递必然借助于某种物理手段，称之为信道。信源产生某种物理量的变化，称之为信号，所要传递的信息就包含在这种信号中。通过信道，信宿感受到一种变化的物理量，就可以按照既定的规则破译出其中包含的信息。② 可以说，信息论是信息传播论，是对信息本质与传播规律进行研究的理论。

传播源自拉丁文 communlcure，是共享、共用的意思。当前，传播一般被解释为传播者运用一定媒体与受传者之间进行信息传递和交流的社会活动。传播有自我传播、人际传播、大众传播和组织传播四种类型，这是按照传播涉及人员的范围及传播对象划分的结果。关于传播的理论与模式，下面主要列举几个具有代表性的。

（1）香农—韦弗模式

美国伟大的数学家香农（Shannon）喜欢研究一些电报通信问题，他在 20 世纪 40 年代提出了一个和通信过程有关的单向直线式数学模型。之后又与著名信息学者韦弗共同对这个模型进行了改进，将反馈系统加入该模型，于是便形成了香农—韦弗模型，该模型在技术应用方面发挥了重要作用。

（2）施拉姆模式

被称为“传播学鼻祖”“传播学之父”的施拉姆（Schramm）在上述传播模型的基础上，于 1954 年对有关“经验范围”的传播模式进行了构建。该模式指出，在信息传播过程中，传播者和受传者都是不可或缺的主体，受传者除了对信息加以接收并进行解释外，还会做出相应的反应，传播过程本身就具有双向性和互动性。这一模式也指出，传播者与受传者要进行真正意义上的交

① 张贞云．教育信息化［M］．青岛：中国海洋大学出版社，2018：28.

② 张贞云．教育信息化［M］．青岛：中国海洋大学出版社，2018：28.

流，需要在双方共同的经验范围之内传播信息。只有这样，信息才能被双方共享。所以，教学传播过程可用施拉姆模式来解释。

根据施拉姆传播模式，教师在教学过程中应对学生的身心特点、知识水平、兴趣爱好、个人经验等情况予以全面考虑，尽可能在双方共同的经验范围内传播教学内容，使学生更好地掌握知识，并促进其经验范围的不断扩大。

第三节　日语教学课堂的生态平衡观

一、结构平衡

结构的“结”是表示结合、联系之意，“构”是表示结构、框架之意，结合起来，结构就是指若干组成部分按照一定的关系结合而成的一种架构，常用来表示事物的存在状态。结构主要包括两层含义：组分和关系，即由什么构成，以什么关系存在。

通过运用过程的观点，我们发现，各个生态因子的演变，甚至突变都会影响课堂生态结构的变化，不一样的教学模式是因为课堂生态结构并不是静态的，教师的师德、学生的素质、学校软硬件的条件和学生学习环境这些外部条件都会对其产生影响。任务、目标、角色、社会结构资源以及时间和步调是查理斯·华特金（Charles · Watkin）（英国教育专家）在课堂系统中发现的六个要素，他还从中发现了讲授式课堂、建构式课堂和共建式课堂这三种课堂生态，这三种课堂生态各有利弊，但都是一种动态的关系结构和营养结构，它们通过过程得以体现，在平常的课堂教学中可以穿插运用，下面我们来具体分析。讲授式课堂生态是我们熟知的传统教学方法，课堂生态以老师为中心，控制课堂生态的能量流动和信息流通；建构式课堂生态是一种新型教学方法，它以构建主义理论为基础，以学生为中心，老师则从主讲者变为助学者，学生控制课堂生态的能量流动和信息流通；共建式课堂生态则是一种理想的课堂生态，它以共生原则为基础，即老师和学生都可以成为课堂的主体，他们共同学习，共同进步，实现了一元主体向多元主体的发展。从建构主义观点和生态教学理论来看，生态课堂的发展还是要以建构式课堂生态和共建式课堂生态为主。

如果从某个特定的生态系统来说，就意味着生物的个体、环境构成等存在某些程度的不同，而且往往受到营养结构的影响。因此，不应该使用统一的图形来进行表达，但是内部的基本构造能够用某一抽象图形来表现。在营养结构中，生产者、消费者、分解者是从它们居于生态系统中的功能性来进行分类的，其与分类群并无多大的关系。来自太阳的能量通过生产者的光合作用或化能作用进入生态系统，逐级流动，形成生态系统三大功能类群的营养结构。

课堂的基本构造可以简化成人、环境这两个维度。其中人等同于自然生态系统中的生物，环境等同于非生物环境。并且人也可以进行细分，即划分为教师与学生，课堂环境也可以进行细分，划分为教学方法、教材、教学氛围等。课堂生态系统中的这些因子相互产生作用，共同构成一个生态整体。

在课堂生态中，基本营养结构是教师处于生产者的角色，将来自外界的信息与自身经历过的信息加以转换，以学生能够理解的方法传授给学生，学生对这些信息加以分解，通过课堂环境为教师提供一定程度的反馈。

但是，课堂生态作为一种社会生态，与自然生态存在不同的地方。随着生态学研究的深入，人们逐渐认识与了解课堂教学的本质，对课堂生态系统中的各个因子以及这些因子之间的关系展开深层次的研究与认知，这些对于课堂生态系统的形成非常有帮助。对课堂生态结构的研究需要确立两个方法论的前提。

（1）运用结构观点和关系思维对课堂生态各个要素的关系进行把握，注意不是非实体思维。

（2）运用过程观点，将课堂生态中各个要素的互动揭示出来，运用动态的观点对课堂生态加以把握。

课堂生态的结构关系主要表现为交叉结构，其实质是教师和学生以课堂环境为中介的互动和发展，教师和学生在课堂环境中进行各种交互活动，同时给课堂环境带来新的质的变化，从而不断呈现出新的课堂形态结构。

课堂生态结构并不是固定的，是一个动态的过程，由于各个生态因子的改变，课堂生态结构也会发生改变，甚至这种改变可能是突变。教师的责任心、学生的学习态度、教师与学生对信息技术的运用等都会对系统内的能量流动产生影响，造成采用不同的教学方式、不同的学习方式等。英国教育专家查理斯·华特金把复杂的课堂系统活动提炼为六个要素：目标、任务、社会结构、角色、资源以及时间和步调，并推演出三种教学方法，体现了三种不同的教学关系和课堂生态。

（1）讲授式课堂生态，是以教师作为中心，是一种传统的方式，因此教师对课堂生态的能量与信息流动加以控制。

（2）建构式课堂生态，是建立在建构主义这一理论基础上的，将学生作为中心，是一种新型的教学方式，因此学生控制能量与信息的流通，教师在其中充当助学者的角色。

(3) 共建式课堂生态，是一种理想的课堂生态系统，是建立在生态理论共生原则基础上的，其摆脱一元主体，实现了主体践行。教师与学生都充当学习与创造主体的角色，通过不断的研究与探索，实现共同的成长与进步。

二、功能平衡

功能在日语课堂上表现出来的意思是指特定的特性和能力从系统内外部之间的联系和关系中凸显出来，功能可以理解为“发挥的作用和起到的能力”。在系统内，功能是由系统行为引起的，它对系统内的整体环境或个别事物都起到了积极的作用，每一个系统都具备相应的功能。系统在相应环境中出现的变化我们称为系统行为。能量流动、物质循环和信息传递是生态系统所具备的三大功能，它们对维持生态系统的正常运转起到了重要的作用。课堂生态具备生态系统的一般功能，属于教育领域里的一个微观生态系统。课堂生态的系统功能由结构和环境决定，系统内部的各种因子之间的相互作用与系统外部环境之间的相互作用同时给系统内外部带来积极的作用。

三、内容与形式的平衡

内容和形式是哲学、文艺学、美学中一对基本范畴，也是一个重要的二项对立问题。内容与形式辩证关系的话题十分古老。早在两千多年前，中国和古希腊哲人就认识到一般事物中存在内容和形式对立统一的关系，做出了“内容决定形式”的发生学判断，并长期影响着后世的哲学认知。任何事物都有其内容和形式。从哲学上讲，内容是指事物所含的实质，是构成事物的要素或元素；形式是指事物内容的组织结构和表现方式。文艺学和美学对内容和形式的关系做了深刻的分析，提出各种不同的观点，其中有一种观点即内容和形式是不可区分的。而修辞学认为内容与形式对立是客观存在的，作品的内容和形式是可分析的，且内容和形式具有层次性、主从性、互动性和离合性等特征，二者构成一个复杂的层级系统，该系统由多级层次单位递相组合，排列有序：语音和语言意义组成辞面，辞面与辞里组成话语，话语与题旨组成语篇。在教育活动中，内容与形式演变为教学内容和教学形式。从语言教学角度看，区分教学内容和教学形式、讨论二者之间的关系不仅是可行的，而且是必要的。大体而言，教学内容包括课程目标和教材文本，这些内容既有显性的也有隐性的，教学形式是指教学的方法和技巧。教学内容是承载课程目标的载体，教学形式是达成课程目标的途径和手段。教学内容与教学形式之间至少存在主从性、互动性和转换性三种关系。

第一，内容与形式的主从性关系。传统的观点认为，内容是事物的主要方面，形式是次要方面：内容决定形式，形式服从于内容；内容借助形式来体现，形式依靠内容而存在。在日语课程研制和课程编写方面，一般是按照“内容在先，形式在后”的原则。

第二，内容和形式互动性关系。内容与形式之间是平等的关系，而不是主仆关系；不是静穆的，而是动态的。内容总是某种形式的内容，形式总是某种内容的形式。一方面，教学内容需要教学形式来表现，某一种内容可能需要多种与之相适应的形式；另一方面，教学形式需要容纳内容、把内容作为载体，某一种形式也可能与不同的内容相对应。换言之，同一种内容在不同的条件下可以采取不同的形式，同一种形式在不同的条件下可以体现不同的内容。

第三，内容和形式转换性关系。内容形式转换论承认内容和形式有所区别，认为二者是可以相互转换的。转换的途径有两种，一是从形式出发，把形式内容化；二是从内容出发，把内容形式化；这种转换可以提升形式和内容的本质意义。一旦转换成功，内容中就包含着某些形式因素和特点（即内容的形式性），形式中也包含着某些内容因素和特点（即形式的内容性）。生活中，在一定条件下形式可以转化为内容，反之亦然。

四、学得与习得的平衡

日语教学与二语教学存在很大的差异。就教学目的而言，日语教学旨在帮助学生掌握一种求取人生发展的语言工具；二语教学主要是帮助学生掌握一种在二语社会环境生存下去的语言工具，学生不掌握这个工具则在所处的社会里难以立足。从语言环境看，日语教学主要依靠课堂教学，缺乏目的语交际的环境和机会；二语教学除了课堂教学外，还有第一语言的环境。从学习动力分析，外语学习主要是工具性动力，学习是为了升学和就业等目的；二语学习者主要是为生存而学习，有较强的融入性动机。从学习过程看，尤其是在入门阶段，外语学得的重要性比习得更为突出，因为外语学习的时间十分有限，而习得是一种自然学习，需要耗费更长的时间，过分依赖习得可能不太现实；二语学习中习得的机会较多，对学得依赖相对少一些。在教学内容方面，外语教学由于缺乏目的语的环境，教学内容更注重选择规范性的语言和具有生成力的语言材料[①]；二语教学在目的语环境中进行，教学内容更容易选择贴近学生日常生活的素材，以帮助学生解决日常生活中的困难。从教学程序看，外语教学更讲究由简而繁、由易到难、由理解到表达的教学原则和逻辑顺序；二语教学则可打破这些顺序。

中国的日语教学是外语教学，外语教学应区分学得和习得。如前所述，习得是非正式的、自由的、课外的、无意识的活动，习得的东西能自然地存储在大脑中，在一定语境下便会被激活。在中国语境下教学性习得和学习性习得都是可能的，譬如，教师在课堂上组织师生、生生之间的互动，在课外为学生准备各种学习材料，动员学生参与各种课外活动等，学生也可以自己“有意识地”通过各种途径在课外提高日语。学得是正式的、集体的、课堂教育的、有意识的活动，有意识学得强记和诵读是必要的。如果说，学前阶段或小学阶段的外语教学通过强调“听、说、唱、游、做”来习得听说技能是可以接受的话，那么，在大学光靠习得学习日语是很困难的，一是没有日语环境，二是时间赔不起，因为每周只有4~6个日语学时，三是从青少年的智力发展来看，教学中不充分利用他们的生活经验和逻辑思维能力，过度追求习得是教育智力资源的浪费。在一般情况下，中学日语起始阶段应学得和习得并重，随着学习者外语水平的提高、学习目的性和自觉性的提高，学得和习得的地位会逐渐发生变化，学得可以向习得转化。从教育效益和教学效果来说，学得与习得相互融合、共存互补，是最佳的选择。以下以词汇教学为例，探讨学得与习得融合的途径。

词汇学习有直接学习和间接学习两种形式，也称隐性学习和显性学习。隐性学习是无意识的自动行为，具有习得的特性；显性学习是有意识的大脑活动，是学得的活动方式[②]。隐性学习所获得的隐性知识是以局部独立的方式储存的，而显性学习所获得的知识则是局部连接的。交际语言教学法在处理词汇教学时，主张采用间接学习法。交际法的观点是，学生的注意力只要集中在某些方面，尤其是言语所传递的信息方面，不需要专门学习词汇就可以习得词汇。实践证明，这种学习词汇的方式比较适合于学习母语词汇，而不一定适合于外语词汇学习。我国学者认为，在交际法教学中词汇教学除了间接学习外，还应当结合直接学习的方法，即让学生在短期内反复激活同一个词，如让学生做一些能将其注意力集中在词汇上的活动和练习，包括构词练习、猜字练习、

① 黄远振，陈维振．中国外语教育 理解与对话 生态哲学视域［M］．福州：福建教育出版社，2011：180.

② 黄远振，陈维振．中国外语教育 理解与对话 生态哲学视域［M］．福州：福建教育出版社，2011：180.

背词汇表及词汇游戏等。在交际法教学中可以建构直接学习和间接学习的连续体，使学得与习得交融。比如，课堂上提醒学生注意那些会影响交际或阅读理解的词汇，帮助学生从上下文猜测词义；也可以让学生课后多查词典，布置相匹配的课后词汇练习，进行有意识的词汇记忆。增加直接学习机会能提高词汇产出能力，因为增加直接学习机会就是增加学生在短期内复现同一个词的机会，即在不同的语境中接触同一个词的机会。

学得向习得转化是学得与习得融合的重要表征。中国学生学日语要经历“从不自觉到自觉”的过程。在“不自觉”阶段，教师对学生控制得多、硬性要求多，而学生自主意识和目的性相对淡薄，学习中学得的成分可能较多；在“自觉”阶段，教师对学生的控制较少，学生自主能力增强，他们学习性习得比例会相应增大。事实上，语言学习中把有意识的学得形态转化为潜意识的习得形态是可行的，这种转化的关键在于教师。有经验的教师会设计各种恰当的教学任务活动，为学生提供互动机会，引导学生从学得出发，在活动中向习得转化。

第四节　基于生态理念的日语教学发展路径

一、日语教师

（一）转变教师角色

1. 语言知识的诠释者。高校日语教师是日语语言知识的诠释者，他们在开展课程教学之前，首先必须具备渊博的知识。简单来说，高校日语教师需要对日语专业知识有系统的、全面的把握，并能够从这些知识中分析出语言现象。一般来说，日语教师需要掌握的专业知识包括理论知识、语境知识、实践知识等，这些知识中囊括了语音、词汇、语法、语篇、文化等知识，高校日语教师只有掌握了这些知识，才能解决学生学习中遇到的实际问题，帮助学生提升自我，更好地实现语言输出。

2. 语言技能的传授者。当然，除了日语知识，高校日语教师还需要掌握语言技能，并且将这些技能传授给学生。在学生学习语言的过程中，掌握语言知识是基本条件，而最终是为了提升自身的语言技能。一般来说，语言技能包含听、说、读、写、译五项。就语言的发展规律而言，听说居于重要地位，读写译其次，但就外语教育的角度而言，读写译居于重要地位，听说其次。这就说明高校日语课程教学的目标是让学生具备一定的读写译能力，而听说能力是实现读写译能力的前提与基础。高校日语教师要想能够提高教学质量，熟练地驾驭日语这门课程，就必须掌握这五项技能，并且保证五项技能的有机结合，从而提升学生的语言综合技能。

3. 课堂活动的组织者。无论是高校日语课程教学还是其他教学，课堂活动都是必不可少的一部分。在高校日语课程教学中，课堂教学是其重要的载体与媒介。高校日语教师要想提升自身的教学质量，必须设计出合理的课堂活动，如辩论、对话、对话表演等，这些都是能够让学生参与其中的活动，让学生有真实的语言训练机会，提升自身的语言表达能力。在这之中，学生也不会不断加深对日语语言知识与技能的印象，巩固自身的知识体系。

4. 教学结果的评估者。教师在教育测试过程中是课堂教学活动的评价者和学生学业成绩的评估者，即教师是评估者。受东方文化传统的影响，我国教学理论无论从教学目的、教学内容，还是教学评价上看，都表现出明显的功利性倾向。我国的教学目的都是与考试联系起来的，考试考什么，教师就教什么，学生就学什么。学生学习的最终目的与求功名、追求高学历和高的社会地位联系起来，而教学促进个体的发展几乎被忽视了。教学内容上也是以考试为导向，国家规定了统一的教学科目，教师则完全以此为标准，按照考试的要求来进行教学，以使学生获得高分数，提高升学率。教学评价形成了以考试为主要方式的终结性评价，“一考定终生”，分数的高低决定学生能否人大学以及人何种层次的大学，考试成为学生改变人生、追求高的社会地位的最有效途径。作为评估者，教师应该改变应试教育功利主义的教育价值观，构建符合素质教育要求的课程体系，建立理性的日语教学评价体系。

特别是要引入过程性评价，对学生参加的活动进行积极的评价；另外学生学业成绩的评价也应该避免以分评人，摒弃传统的评价目标过度强调学科知识体系，忽视人文性，以测试为评价的唯一形式，注重对单纯的语言知识结构考察，重结果，重成绩，重甄别与淘汰。日语生态教学模式要求教师作为评估者，采用测试性与非测试性评价、形成性评价和终结性评价相结合评估方式，把评估结果作为激励学生学习和促进学生能力发展的手段。

（二）提升日语教师的素质

1. 职业理想

教师的职业理想是教师从事教学工作的兴趣与动机的体现，是其献身于教学工作的原动力。在高校日语教学中，教师的职业理想表现为积极性、事业心、责任感，高校日语教师具备的崇高的职业理想，是他们开展高校日语教学活动的有利层面。

2. 教育观念

教师的教育观念是教师在教学活动中形成的对教育现象的主体性认知，是从自身的心理背景出发进行的认知。一般来说，教育观念包含知识观、教育观、学习观、学生观等。

3. 监控能力

教师的监控能力指的是教师为了保证教学能够顺利实现预期目标，在教学过程中进行主动计划、检查与反馈等。具体来说，包括对课前教学的设计、对课堂进行管理与指导、对课堂信息进行反馈。事实上，教学监控能力是教师对其认知的调节与控制，是教师思维反省与反思的体现。

二、树立多维开放型的课堂教学观念

系统只有开放才能顺利实现吐故纳新才能增强其内在生命力[①]。因此，基础日语课堂应努力实现多方位的开放。一是实现教学目标的开放，即将过去的提高学生的语言技能的要求提升到培养学生的跨文化交际能力的目标上来。二是教学内容的开放，即将教师和学生都看作是课程资源的开发者，教师和学生都可以利用现代教育技术以开发教育教学资源。三是教学空间的开放，即重视基础日语课堂与外界的关系和联系，将课堂教学融入社会的大循环与大体系之中。这样日语教学就应打破课堂教学的局限性，教师就应确立起一种“大课堂观”，把课堂延伸到社会，将课内外、校内外活动结合起来，就应在营造小的课堂语言环境的同时也注意营造一种大的校园语言环境，为学生创造一种半沉浸式的日语学习环境，以使学生能在一种浓厚的外语学习的氛围中通过耳濡目染来学习日语。四是教学手段的开放，即应改变过去的只靠粉笔加黑板的教学手段的状况，应运用现代多媒体技术为学生构筑一种开放式的网络课堂。五是教学活动的开放，即除课堂教学活动外，还可以有更多的课外活动，如日语沙龙、日语演讲比赛、日语戏剧表演等[②]，并强化课内学习与课外活动之间的关联，重视学生学习的内容与社会对他们的要求之间的一致性。

---

① 樊桂芳．外语教育课堂生态观探索［J］．教学与管理，2009（03）．

② 葛晓昱，朱世波．教育生态学视角下大学基础日语课堂的构建［J］．教育探索，2013（12）．

三、构建和谐师生关系

生态教学理论告诉我们，日语课堂不能再以传统的语法、句型和翻译等内容为教学重心，而是要寓教于乐，培养学生的学习习惯，激发学习兴趣，根据学生的需要制订学习纲要，确定课堂教学的主要内容①。只有这样，才能从根本上改变学生被动学习、没有学习动力的实际问题。师生关系不是教与学的关系，更不是管理与被管理的关系，而是民主平等的，要求教师要走下讲台融入学生之中，与学生平等相待，只有意识到这一点才能搭建起师生平等交流的平台，从而改善课堂生态环境。

四、构建互动性网络环境生态化日语教学

互动教学主要就是教师和学生进行互动交流和沟通，这样可以很好地实现日语教学的目的和效果②。互动性教学改变了传统单一的教学模式，给学生和教师之间提供了一个互动和交流的平台，让学生可以在学习日语理论知识的基础上进行更多的实践。在日语课堂教学中教师的教和学生的学其实是互相影响和交流沟通的，彼此促进，这样也就构成了一个教学的生态环境和模式。教师在教学的过程中能够实现和学生的互动，而在网络视角下还能进行人机互动，打造了多种互动的模式，这样能进一步了解学生是否掌握了日语基本的知识，也可以了解彼此的想法和观点，清楚学生日语的口语交际水平，对于提升学生的日语水平有着很大的帮助。在日语课堂教学中教师要充分利用多媒体技术进行教学，可以把课程教学的内容通过 PPT 呈现给学生，PPT 中可以包含日语教学的知识点和口语交流的内容还有听力的内容，在学生学习了这部分的知识后，就可以借助 PPT 上的知识和问题进行互动沟通和讨论，引导学生进行练习，通过这样的方式能提升学生对知识的理解能力。总而言之，日语教师要能充分利用网络多媒体技术打造一个互动的课堂环境，这样才能确保学生和教师都融入到课堂的学习中，全面提升学生学习的效果，营造出一个互动性的生态化教学环境。

五、建立积极的生态式评价机制

传统的日语教学评价制还停留在以单纯对语言的知识结构的考察，主要以

---

① 杨钢．创新型日语专业生态课堂构建路径［J］．亚太教育，2021（09）．

② 张雪梅．网络视角下的高校日语生态化教学模式研究［J］．产业与科技论坛，2022（09）．

老师为评价主体，忽视了学生自己本身的评价要求。评价内容单一无趣，没有把学生也当作是生态教学的重要因子。要让学生通过知识与学习技巧、学习过程与教授方法达到一致。关键是要让学生通过日语的学习不但强化、整合日语知识，还要通过类似的语篇学习收获解决某一问题的能力，使习得者的价值关与学习兴趣达到高度统一①。

首先，教师本身要强化鼓励评价机制的作用。学习者非常重视教师对于自己的评价，教师的一言一行，教师无意中的一次消极评价会对学生学习心理造成很大的影响。传统教学中，强调卷面内容，过于强调成绩。生态学教学，则注重循环学习的法则，是长久的学习，终生学习习惯的培养、开心、积极向上、轻松自由的学习氛围，能消除学习者的恐惧障碍，学习者在稳定状态下学习能建立起对日语学习的自我评价认可度，有利于学习者学习能力发展的可持续性建立。其次，形成性评价以习得者为主体制。形成性评价指的是在教学过程中对学生的知识掌握和能力发展比较经常而及时地测评和反馈②。包括一节课或者一个课题教学，对学生的提问，作业的反馈及测试等，使得学生与教师能够及时获得反馈的信息。其目的是更好地促进学生的学习与发展，以改进教学过程，提高质量，而不强调成绩的评定。对于教学的每个环节，用自我评价的稿件形式发给学习者，使之对日语学习的每个节点整体的诊测，把薄弱点标出。为教师下次的课程准备打好基础。

---

① 高亮，秦国和．日语阅读教学课的生态学模式研究［J］．鸡西大学学报，2017（01）．

② 高亮，秦国和．日语阅读教学课的生态学模式研究［J］．鸡西大学学报，2017（01）．

第五章　依托信息化手段的日语教学

日语教学依托信息化手段能够获得新的发展，从而推动日语教学在新的时代背景下的改革。本章主要论述了以微博、慕课、翻转课堂以及雨课堂为依托的日语教学。

第一节　微博与日语教学

一、微博概述

（一）微博的概念

微博，即微型博客的简称，是一个基于用户关系的信息分享、传播及获取平台，用户可以通过网页及各种客户端组建个人社区，以140字左右的文字、图片、视频、音频等更新信息，并实现即时分享。微博是一款基于用户关系的分享工具和自媒体平台，微博信息支持图片、音频和视频格式。与博客相比，微博的可读性、随意性、时效性和传播性更强。微博最显著的特征是博文长度不能超过140个字符。因此，微博又常常被称为“迷你型博客”“一句话博客”等。微博发展至今，尚无统一定义，主要缘于国内外微博网站提供的服务和功能有所差别。

（二）微博的特征

1. 操作简易性

这是微博风靡全球的主要原因之一。首先，微博的申请方式简易。微博用户只需在网站填写正确有效的邮箱，再设置合适的密码就能成功注册。对于网络新手来说也是轻而易举的事情，这种简单的申请方式推动了微博用户的激增。其次，微博的发布程序简易。微博用户发布信息时，来自社会的各个阶层、各种职业、各类学历的人们都可以畅所欲言，140 字符以内的文本成为普通大众的话语狂欢，甚至可以通过图片、小视频来展现自我，打破精英权威话语体系，每个人都享有平等地位。

2. 传播迅速性

相比于传统媒介，微博可以省去发布者和接受者之间的中间环节，能够第一时间同步事情发生过程，可以做到守着微博知晓天下大事，对当今世界的一举一动都了如指掌，“随时随地发现新鲜事”，信息内容的包罗万象是以前任何媒介无法比拟的。正是如此，微博信息呈现病毒式的传播效应，也许微不足道的小事就能掀起舆论的惊涛骇浪，无意识的转发就能把无辜的人瞬间推到风口浪尖。另外，微博字数有限，发布的信息内容很容易被断章取义，导致谣言四起，从而引起突发事件，但总体来说微博信息的关注持续性不强，轰动一时的事件很容易被海量的信息浪潮所淹没。

3. 内容简洁

提到“微时代”特征的碎片化，微博的内容简洁即是“微时代”碎片化特征在内容上的体现。新浪微博在开设之初限定用户发布、评论的字数在 140 以内，导致微博信息简洁明了，三三言两语表述你的行为、思想、心情、状态、观点和事实，力图记录人们生活和工作的点点滴滴。越微小的事情和话语流传度就越高，越简明扼要的概述越能吸引大众的眼球，正好符合人们快节奏的生活。

4. 互动频繁性

微博的关注、评论、转发功能给用户带来全新的体验。字数的减少增强了人与人的互动，低门槛的发布提高了信息共享的效率，内容的短小精悍加速了信息的更新和传播速度，阅读和消化时间的缩短提升了信息传播频率，交互式的传播方式加强了人们的交流。大众再也不是被动地接收信息，通过只字片语就可以发表自己的看法，人们由消极的观望者转化为积极的参与者，特别是移动通信和无线网络的普及，用户之间的互动已经不受时间和地点的限制，极大地提高了用户的参与度和活跃度。

5. 个性多元化

首先，微博具有丰富的内容和形式。现代人生活的忙碌和紧张可以在浏览微博时得到暂时的放松，简短的文字、多彩的图片、真实的声音、多维的视频让大众得到最广泛的选择。人们在微博中追寻自己的兴趣爱好，涉猎多种多样的领域，接受社会的各类教育和熏陶，释放工作的压力和生活的烦恼。其次，微博凸显用户的个性和风格。大众在使用微博时可释放现实社会中约束着的自我，可以表达内心深处的话语和个性，既可以是现实生活中的朋友圈，也可以是以关注话题为中心的微群体，人们可以在不同的群体中自由切换，满足个体对不同环境的需求。

二、微博在日语教学中的应用策略

（一）重视新媒体手段的运用

利用新媒体手段开展日语学习，可以将学习时间化整为零，从而使得学生利用碎片时间点滴积累日语知识，真正做到随时随地吸收日语知识和技能；使学习与娱乐相结合，大大提高学生的学习兴趣和学习效率；根据个人需求和接受能力自主学习日语，避免传统日语教学缺乏个性化的弊端。要解决思想观念认识不到位的问题，一要克服陈旧观念，在日语教育教学中不墨守成规；二要避免因为自身能力局限对创新缺乏信心，要为年轻教师创新教育提供机会和搭建平台；三是解决想创新但是找不准抓手和切入点的问题，既要紧跟时代发展又不过于超前。重视新媒体手段运用，还需要树立面向未来的发展眼光，在开展微博日语教学的同时，积极挖掘微信、APP 客户端等先进媒体的教学潜能，最大限度地实现用先进科技传播文化知识的目标。

（二）加强微博日语教学的顶层设计

基于当前中国的教育现状，搭建日语教学的新媒体平台，必须要在领导重视的前提下，科学、合理做好工作规划。一是要找准定位，将新媒体平台作为课堂教学的辅助平台，以应试、实用、文化、娱乐等丰富栏目设置，提升平台吸引力，同时也要避免辅助平台干扰课堂教学主平台，坚决防止“低头党”出现在课堂教学中。二是要科学设计微博体系，以学习日语为共同目标，将日语教师微博团队、学生微博用户以及现有日语微博三个层面有机结合，从而构建多层次的日语微博学习网络。三是要支持新媒体教学平台建设、新媒体教改项目实施，以实实在在的投入为日语教学创新提供支持。四是要合理激励创新平台建设，通过基本量化评价和主观效果评价相结合，将新媒体教学工作计入教师工作量。五是要形成一定规模，将各学校日语教师通过日语微博通过相互关注联系在一起，从而构建日语教师微博团队，形成百花齐放、百家争鸣的规模效应。

（三）加强微博日语教学运用的团队建设

建立一支以日语教师为主力的微博日语教学团队，是建设新媒体创新平台的关键。一是要形成合理的团队分工。通过问卷调查深入了解学生对微博学习日语的兴趣，从而设定日语教师微博团队的分工和方向。二是要加强能力提升。日语教师在语言能力方面具有优势，但是新媒体技术往往是能力短板，这就需要加强能力培训，解决日语教师在微博运用中能力不足的问题。三是要开展对外交流，组织学校之间、学校和新媒体专业平台之间的互动合作，总结新媒体平台建设和活动中的经验。四是要支持学生相关社团发展，整合学校新媒体和日语学习方面的学生社团，开展线上和线下相结合的活动，促进微博日语平台与粉丝之间的情感交流。

（四）加强与社会日语微博账号的合作

微博平台中不乏大批日语传播者与日语学习者，但其中既有优秀负责的传播者，也有大量粗陋的甚至错误的日语微博。在新浪微博中，目前约有超过四十个日语类微博，粉丝数量超过五十万，其中粉丝数量过百万的约二十个。现有的日语类微博可以分为名言美文类、口语表达类、影音推荐类、考试技巧类、综合类等几种。其中，名言美文类微博最多，其来源多为名人名言、日文散文小说、电影台词、当红流行语等，但这类微博常常出现语法错误、翻译错误以及拼写错误等。此外，还有一些微博冠以日文学习的头衔，却长期发布各类广告、笑话幽默、星座算命等与日文毫不相关的微博，对广大日语学习者造成了干扰。组织日语教师研究现有关注度较高的日语类微博，分析他们的特征及共性，总结现有日语微博的利弊，有意识与之加强合作，既为优化日语教师日语微博做好功课，又能够整合资源形成日语微博平台的合力。

第二节　慕课与日语教学

一、慕课概述

（一）慕课的定义

所谓“慕课”，顾名思义，就是“大规模网络开放在线课程”。[①] 大规模、开放、在线课程，是它的标志。与传统课程只有几十个或几百个学生不同，一门慕课课程动辄上万人，最多达 16 万人。慕课以兴趣为导向，凡是想学习的，都可以进来学，不分国籍，只需一个邮箱，就可注册参与。慕课学习在网上完成，不受时空限制。

（二）慕课的特征

1. 大规模

“大规模”意味着学习者数量不做限制，与传统课程只有几十个或几百个学习者不同，一门慕课课程动辄有上万人参加。[②] 大规模主要是指大量的学习者，也可以指大规模的课程活动范围。那么，多大规模才是“大规模”呢？现实表明：慕课的学习者远超常规，可轻易达到几千人。而在未来，随着该模式的普及及其影响力扩大，参与者还会更多，因此慕课是一种巨型课程。

2. 开放性

开放性是说慕课的学习者可能来自全球各地，信息来源、评价过程、学习者使用的学习环境都是开放的。在美国，慕课是以兴趣为导向的，凡是想学习的，都可以进来学，不分国籍，只需注册一个账号，就可参与学习。为此，人们强调，只有当课程是开放的时候，它才可以称之为“慕课”，只有这些课程是大型的或者大规模的，它才是典型的“慕课”。因而，慕课学习是一种将分布于世界各地的授课者和学习者通过某一个共同的话题或主题自愿联系起来的学习方法。

---

① 欧阳芬，张泉，殷可嘉．慕课与教师专业发展［M］．天津：天津教育出版社，2016：3.

② 寇雪梅．应用型高校慕课资源开发与利用研究［M］．北京/西安：世界图书出版公司，2017：11.

3. 非结构性

从内容上看，慕课大多数时候提供的只是碎片化的知识点，是一组可扩充的、形式多种多样的内容集合。这些内容由一些相关特定领域专家、教育家、学科教师提供，汇集成一个中央知识库，就像网站一样。这些内容集合的独特之处在于能够破“再度组合”——所有的学习资料未必堆砌在一起，而是通过“慕课”彼此关联。

一般而言，在西方，慕课并没有一个组织者进行课程的顶层设计。起先，它只是一些热心教育的人提起的，或者在一些领域顶尖的专家为传播该领域的知识而提供的“志愿者”服务。后来，有一些学校出于授予学位或学习证书的需要，试图对慕课设立课程标准，以便为其课程与学位提供质量保障。

在我国基础教育领域，当前已经走出了微视频仅仅在于提供课后辅导的角色，进而试图借助慕课，实现课堂的翻转。由于中小学的课程主要是以教学目标或课程标准为基础的，因而，在提供碎片化知识的同时，让教师与孩子共同理解知识点之间的内在逻辑乃至一门学科的知识，也被作为重要的问题提了出来。这就决定了在中西方之间慕课建设会有相当的不同，我们把中国未来的慕课学习称为“基于系统设计的碎片化学习”，它在结构形态上会与西方有一定的区别。

4. 自主性

自主性在不同的学者那里有着不同的理解。在关联主义的慕课推崇者看来，其一，“自主性”意味着慕课没有明确的学习预期，学习者可以自设学习目标；其二，虽然有特定的学习主题供参考，但在什么时间、地点学习，阅读多少资料，投入多少精力，进行何种形式和程度的交互等都由学习者自己决定；其三，没有正式的课程考核。当然，需获取学分的在校学生除外，学习者根据自己的学习预期对自己的学习收获进行评判。因此说，关联主义的慕课几乎完全依赖于学习者的自我调控。

然而，在大多数学者尤其是关注慕课建设的学者看来，慕课的自主性主要意味着学生对自己的学习承担责任。根据教师提供的教学内容，学生可以自定学习的方式、步骤、时间，自主地讨论与研究，主动且积极地学习。与翻转课堂相联系是保证学生自主且高质量学习的必要条件。

（三）慕课的发展趋势

1. 新型慕课将走向独立

慕课的雏形，实际上是将传统的课堂教学用现代技术进行加工，再搬到网络上。学生的学习更多的是被教师个人魅力以及新型教学方法所吸引。而随着人们将先进的网络技术用于高等教育，人们不仅发现了新天地，更充分发挥了人在慕课中的作用（而不仅仅是技术在慕课中的作用），从而将慕课的发展推向了新的高度。

目前，几大慕课供应商所提供的课程主要还是传统的课程，即以教师课堂教学为主，只是通过现代的技术方式表达出来。但这样的慕课已无法满足人们的需求，更加新颖的慕课正在出现。新型的慕课强调的是关联主义的教育理念。著名网络教育与新媒体的设计师和评论家史蒂芬·道恩斯将这两类分别命名为“关联慕课”和“传统慕课”。①

所谓关联慕课，即遵循关联主义教学法的慕课，其不同于传统的教学特征和结构。比如他们强调聚合体，保证学习内容可通过通讯或网页让学习者随时接触；重组性，讲究课程内部人员间分享各种学习资源；重新定位，梳理与重组各种不同的学习资源，以适应不同学习者的个性需求；正向输送，将重新定位、重组过的学习资源与其他人员分享，并传递给世界上所有感兴趣的人。关联慕课最有助于合作对话与知识建构。

由此可以看到，关联慕课在走向独立、成熟，并在努力与传统学习方法乃至教育融为一体。由此不难推断，传统慕课在未来网络教育中所发挥的作用将会逐渐减少，而关联慕课将会成为未来慕课的发展方向。

2. 教师教育理念与方法将产生巨变

慕课无疑将会改变教师，而这种改变是从网络技术改变教学方法开始的。最初，由于网络课程吸引大批网民，授课可以影响更多的学生，这是很多教授愿意将自己的课程放到网上的原因。而一旦成为慕课课程，教师很快会发现，自己已不再是课程的唯一建设者了，而只是课程组的一员，唯有与技术员、传媒顾问、视觉专家等一起，才能制作出一期慕课课程。这就使课程成为一种合作产品。这无形中也促进了现实课堂教学中的平等关系。

由于课程是全程录像，也使教师能回头观察学生学习情况，而不再像过去只能依靠测验、考试或论文考查学生。千百年来，教师授课究竟如何，只有学生才知道。但现在不同了，放在网络上，所有人都能说出自己的意见。由此一来，教师可以更清晰地认识自身的优缺点。换句话说，教师也可以成为观众，有机会反省自己的教学及其效果。这对教师能力的提高，同样具有积极作用。

如今，很多教师不得不面对的问题是：如果学生能在网上随时看到名家课程，那么他们为什么还要去选修相同主题的课程呢？面对这样的问题，美国一

---

① 张勤．慕课时代高等院校教学改革模式研究［M］．北京/西安：世界图书出版公司，2017：90.

些学校的教授已经愿意改变自己的教学方法，鼓励学生去听这样的课程，而将个人课堂教学改为解答问题，进行课堂讨论，完成集体项目。从结果看，这种方法更有效，也颇受学生欢迎，因为这有助于学生对所学内容与主题的理解，更有助于提高学生的思辨能力、分析问题与解决问题的能力。而这恰恰是高等教育最重要的目标。

4. 学生的学习方法将大为改观

慕课的发展也将对学生如何学习、怎样有效学习产生重大影响。过去的课堂教学，学生只能聆听主讲教授授课，而现在则可以在网上搜寻众多的网络课程。更为重要的是，他们不需要再从头听到尾，而是可以跳过自己已掌握的内容，重复播放难懂或还没有掌握的部分。而且目前很多网络课程不仅能自动回复学习者的问题，还可以根据学习者的提问提供相应的帮助。

慕课的广泛流行，使人们在认识到技术、网络在教育上的重要性以及快捷便利之处的同时，将会更加依赖技术，也会出现更多基于网络的学习方法。

二、慕课在日语教学中的应用

（一）慕课在日语教学中应用存在的问题

1. 缺乏对慕课教学方式的重视

从当前日语课程教学改革的现状来看，由于慕课教学出现的时间较晚，还是一种新型课堂教学模式，进而在合理应用的过程中，出现教师缺乏对慕课教学方法应用重视度的问题，也没有结合慕课教学资源，提升课堂实践主动性，所采用的日语慕课教学体系和方式还是以固定的教学模式为主，而且在合理引入线上联系线下的课程教学方法时，存在不足，缺乏对其有效的重视和支持，进而不利于更好地提升日语课程中慕课应用效果和质量。另外，虽然日语课程教学改革中，很多教师强调对课堂教学体系和模式的创新，但是未能结合学生的实际学习需求，尝试关于慕课的课堂教学方式，在实践尝试方面缺乏有效的积极性和主动性，进而不利于教师更好地了解慕课教学方法，影响慕课教学模式在日语课程资源开发中的应用效果，导致课堂教学效果不是很乐观。

2. 未能创建日语慕课教学平台

慕课教学资源中，包含很多与日语学科有关的教学内容，需要充分创建日语慕课教学平台，对一些学术领域的资源库和课程资源进行挖掘。当前学校在日语教学过程中，缺少针对日语教学的慕课教学平台，而且相关课程资源有限，同时，虽然很多学校在日语国际化教学的过程中，构建针对日语国际化教学的平台，并且通过网络全免费授课的方式，调动学生学习积极性与主动性，但是仍然存在日语慕课教学平台课程资源相对较少的问题，与日语类相关课程相比，日语课程教学资源在慕课平台中过于稀少和单一，为学生提供到学习和选择范围过小，不能更好满足学生的学习需求，而且很多网络教学平台中还存在针对慕课日语课程教学的费用使用标准，忽略各项网络资源之间的有效共享，导致学生获取学习内容和资源的渠道比较狭窄，影响和阻碍日语慕课教学工作的有效发展。

3. 教师缺乏有效的指导，慕课资源的实践能力不足

在日语慕课教学的过程中，日语教师的慕课教学能力对于慕课教学成效会产生较大的影响。目前，学校在开展日语慕课的教学中，很多日语教师反映自身对于慕课缺乏实践经验，在具体的教学过程中，很难做到精准有效。同时，由于缺乏实践指导和经验支持，很多教师是在盲目地进行慕课实践尝试，实际的慕课教学成效也并不理想。① 这是因为教师的整体慕课教学能力水平不高。学校没有针对性地开展有效的慕课课程实践培训工作，没有注重提升日语教师的慕课教学专业化水平。在部分学校日语慕课实践中，学校对于慕课日语教学的认识也不到位，在慕课教学模式运用上采用的教学方法不够合理，导致慕课教学流于形式。教师没有注重慕课和课程内容的融合，教学中慕课和专业日语课程教学也存在较大的隔阂，无法发挥课程线上线下的教学目标。结果导致在实际教学应用中，教师照本宣科，照搬照抄其他课程的慕课教学模式，或是缺乏灵活转换思维，无法实现慕课教学与日语国际化改革的有效融合，教学实践缺乏有效指导，自然很难提升日语慕课教学实践效果。

4. 没有做好日语慕课评价工作

在日语慕课教学工作中，慕课作为一种新型和开放的教学模式，不仅能够实现教师与学生之间的线上教学，又能通过线上教学与线下教学相结合的方式，满足不同学生的实际学习需求。当前，很多教师在日语慕课教学工作中，还是以大型线上教学活动为主，向学生灌输日语理论知识，未能采用与线下教学相结合的方式，突出学生学习主体地位，而且在通过日语慕课平台，为学生解惑和评价等方面存在不足，所采用的教学评价工作模式仍然比较传统和单一，忽略信息化评价方式和教学方式的应用，进而不能合理的定位学生实际学习情况，降低学生学习积极性和主动性，导致日语课程改革成效不够理想。

---

① 胡倩．慕课背景下的高校日语课程改革［J］．闽南师范大学学报（哲学社会科学版），2019，33（01）．

（二）基于慕课的日语教学改革策略

1. 优化日语慕课教学体系

首先，在构建日语慕课教学体系的过程中，可以以短学期慕课教学内容为主，为学生合理设置模块化的日语课程教学内容，然后在日语课程教学大纲的设计方面，还要摆脱传统日语教学体系的局限性，加强日语阶段教学与其他教学资源之间的有机结合。其次，在优化日语慕课教学体系的过程中，要注重对学生听说读写方面的日常训练，在向学生灌输日语理论知识的同时，完善针对慕课教学的日语语法、词汇、语音等教学内容，尽可能地满足学生的学习需求，构建成完善的日语慕课教学体系，实现与学生之间的有效慕课互动和交流。最后，在慕课教学体系构建的过程中，要加强在线课堂教学与线下练习活动之间的有机结合，具有针对性地开展慕课教学工作，通过组织线下活动课程的方式，弥补慕课在线学习的短缺，从而有效构建成线上与线下为一体的日语课程教学体系，促进课堂教学实用性增强，让学生将所学的理论知识更好地应用到实践当中，提升学生在慕课背景下的日语知识学习质量和水平，调动学生在慕课学习中的积极性，又能让学生感受到慕课学习方式带来的乐趣和价值。

2. 创建日语慕课教学平台

新的时代背景下，慕课虽然是新生事物，但是也被广泛地应用到课堂教学改革和人才培养工作中，这种方式能够辅助教师教学，又能让学习者通过自主学习、整理相关资料等方式，提升学习的积极性和主动性。基于慕课的日语课程教学改革工作，在推进过程中，仍然存在缺少日语慕课教学平台的问题，这就需要学校和教师积极创建日语慕课教学平台，积极结合《日语与日本文化》的相关课程内容，打造日语慕课教学平台，并且采用为学生建设日语慕课资源库的方式，为每个学习者提供有效的学习机会和途径。[①] 一方面，在日语慕课教学平台构建的过程中，可以加强日语慕课教学资源与全球化网络资源之间的有机共享，并且采用整合课堂教学内容、制作教学视频、日语教学课件等方式，满足学生学习需求，让学生能够通过日语慕课教学平台，进行资源的获取和自主学习。同时，教师在慕课教学过程中，主要包括视频讲解、知识讨论、练习评价的三个环节，教师可以在学生自主学习完慕课学习资源后，通过视频讲解的方式传递学习的重要内容，并且结合学生的学习需求，适当地与学生之间进行有效的互动，也可以结合学生对视频的接受程度，将其分为 PPT 录制、手写勾画、动画讲解等，在教学知识讨论环节，可以引导学生围绕一个小视频

---

① 朴南英．基于慕课的日语课程教学改革研究［J］．作家天地，2020（24）．

和一个概念、一个话题进行有效分析，合理了解所学习的知识点和内容，教师也可以以某一日语教材的语法教学为主，加强与学生之间有效的互动讨论和交流，提高学生学习的积极性，让学生能够在日语慕课教学平台中实现良好学习目标。另一方面，在创建日语慕课教学平台的过程中，为达到帮助学生解决学习问题、提升教学质量的目标，则教师可以在日语慕课教学平台中，为学生解答学习遇到的问题，也可以采用录制成短小视频的方式，让不愿意向教师和同学请教的学生也能了解所学知识内容，解决自身所存在的学习问题。

3. 加强慕课技术开发培训，提升利用慕课资源能力

慕课在日语教学中可以说是一种新事物、新形势。学校教育变身为“互联网+教育”，互联网教育资源和信息化手段正向课堂教育深入渗透。伴随着信息技术的普及，慕课等教学组织形式，因其形式新颖和实施方便在教学中备受关注。要提升广大日语教师利用慕课资源的能力，必须要组织他们积极开展慕课资源技术开发培训工作，通过主讲教师讲课、教师参加慕课课程设计工作坊、混合式教学工作坊，就“互联网+”背景下日语课程的慕课制作进行培训，以及 PowerPoint 等软件的操作学习，让日语教师掌握慕课的相关知识，为探索学校正在实施的教学改革提升计划奠定良好的基础。通过课程资源开发和技术培训学习，进一步提升参训日语教师个人教学信息化技能，有利于推动日语课程改革信息化进程，推动日语课程建设与国际化改革相接轨。

4. 做好日语慕课评价工作

基于慕课的日语课程教学改革工作在推进过程中，主要分为视频、讨论、练习三个环节，可以通过优化日语慕课教学体系、创建日语慕课教学平台的方式，做好视频和讨论两方面的教学内容，在练习环节中，需要教师做好日语慕课评价工作，积极结合练习的主要内容，提升教学质量。练习的主要内容分为慕课视频讲解后的提问、课后测试、作业等，在视频讲解完后，教师可以通过在线提问的方式，合理在慕课教学平台中嵌入问题，让学生对日语学习问题进行有效解决，也可以在慕课教学平台中，布置一些练习题，要求学生结合练习题进行知识的巩固和学习，打破以往学生被动观看和被动思考的学习状态。同时，在作业方面，教师可以以测验为主，为学生设计慕课教学平台中的单选、判断、填空、多选等题型，然后采用机器自动评阅的方式，对学生日语慕课学习效果和习题的错误程度进行了解，从而让学生的学习结果能够得到及时反馈，引导学生马上修改，提升学生学习的效果。

第三节　翻转课堂与日语教学

一、翻转课堂概述

（一）翻转课堂的定义

所谓翻转课堂就是把传统的教师在课堂上讲解知识，学生课后回家完成作业的教学模式颠倒过来，变成学生课前在家学习教师的视频讲解，课堂上在教师的指导下完成作业。①

（二）翻转课堂的特点

1. 教学视频短小

教学视频共同的特点就是短小精悍。大多数的视频都只有几分钟的时间，比较长的视频也只有十几分钟。每一个视频都针对一个特定的问题，有较强的针对性，查找起来也比较方便；视频的长度控制在学生注意力能比较集中的时间范围内，符合学生身心发展特征；通过网络发布的视频，具有暂停、回放等多种功能，可以自我控制，有利于学生的自主学习。

2. 教学信息清晰

“翻转课堂”的教学视频与传统的教学录像的不同之处在于，视频中出现的教师的头像以及教室里的各种物品摆设都会分散学生的注意力，特别是在学生自主学习的情况下。因此，翻转课堂的教学视频强调录像环境不要有干扰因素，应采用一对一的讲解方式，让学生感觉教师只是给他一个人在讲课。

3. 学习流程的重新建构

教学流程的颠倒无疑是翻转课堂最明显也是最外化的标志。通常情况下，学生的学习过程由两个阶段组成：第一个阶段是“信息传递”，是通过教师和学生、学生和学生之间的互动来实现的；第二个阶段是“吸收内化”，是在课后由学生自己来完成的。② 由于缺少教师的支持和同伴的帮助，“吸收内化”阶段常常会让学生感到挫败，丧失学习的动机和成就感。翻转课堂对学生的学

---

① 郭建鹏．翻转课堂与高校教学创新［M］．厦门：厦门大学出版社，2018：47.

② 宋星．高校微课开发与建设研究［M］．成都：电子科技大学出版社，2017：75.

习过程进行了重构。“信息传递”是学生在课前进行的，老师不仅提供了视频，还可以提供在线的辅导；“吸收内化”是在课堂上通过互动来完成的，教师能够提前了解学生的学习困难，在课堂上给予有效的辅导，同学之间的相互交流更有助于促进学生知识的吸收内化过程。

4. 对信息技术依赖程度的增强

学生在课外学习中如果没有信息技术的支持，就难以得到教师的帮助，影响学习效果。无论是教学课件还是教学视频，都需要信息技术的支持才能方便有效地传递给学生。而对于学生课前学习效果的检测，更需要信息技术的支持。这就对教师提出了更高的要求，要不断学习信息知识，提高操作能力。

二、翻转课堂在日语教学中的应用

（一）翻转课堂融入日语教学的意义

1. 适配学生学习水平

同一班级的学生也有零起点和高起点，即便是同起点也有学习能力高低的区别，所以当务之急便是实施因人而异的教学方式。在课堂表现中要注意表现方式的多元化，日语专业学生分为零起点和高起点两种，学生可以根据自身的日语水平来选择相匹配的表达方式，高起点的同学可以选择难度较高的表现方式，例如演讲、发表等。

2. 更加合理分配教学时间

在实际的基础日语课堂学习中，学生需要面临各类过级考试，学习时间非常紧迫，教师在课堂学习中往往不能给学生足够的时间表现自己，导致对学生接受程度的信息反馈十分缺乏。而在施行翻转课堂的模式中，学生可以利用课下大块的时间去进行微课视频的学习，对于不懂的地方可以反复重播，学习效果也将大大提升。① 而利用课上的时间，把自己在课下学习的内容通过多种方式展现出来，既掌握了知识，又锻炼了表达能力。

3. 激发学生创新能力

在这个国家政策鼓励“大众创业，万众创新”的时代感召下，培养一批具有创新精神的当代学生是当务之急，翻转课堂教学区别于传统的填鸭式教学，中学生不再只是被动地接受知识，缺乏主观能动性。在翻转课堂的模式中，学生能够在网络上与别的同学讨论，主动查阅自己所需要的材料，自主规

① 高逸群．翻转课堂在高校基础日语教学中的应用［J］．科技资讯，2021，19（27）．

划学习内容、学习节奏、风格和呈现知识的方式，给了学生很大的创新、创造空间，能够让学生迅速地学以致用，增强学生学习的真实感，最终提高学习效果，也为其未来在工作中的创新意识做好了铺垫，使其能够肩负起时代赋予的责任，在我国与日本之间的交流合作中发挥出积极的作用。

（二）翻转课堂融入日语教学存在的问题

1. 学生不善于提问，主动性不强

自主学习能力较强的学生能很快适应翻转课堂的教学模式，但对于自控能力较弱、不善于提问和讨论的学生来讲是巨大的挑战，教师要引导学生树立正确的学习观念，并制订有效的奖励机制，以提高学生的自主学习能力。

2. 给教师带来了更大的考验

翻转课堂看似弱化了教师的作用，实则对教师的职业素养提出了更高的要求。它要求教师从宏观上把握学生的整体情况和整门课程的性质、任务和目标，还要从微观上熟悉每一位学生的具体情况和每一节课的学习内容、重难点等。① 因此，教师需要努力提高自己的职业素养，在开课前认真学习课程，了解学生的情况，制订合适的教学计划，做一个合格的引导者。

3. 翻转课堂工作量大

翻转课堂应用于日语教学，加大了日语教学的工作量，教师不但要备课，还需要制作视频，无疑增加了教师教学的压力。针对这种情况，教师可以和同一课程组的教师合作，注意留存教学资料，并在原来课程建设的基础上不断完善。

（三）翻转课堂在日语教学中具体的实施流程

1. 课前

在信息化环境中，教师要在课前做到相应的紧密周到的教学计划之后，给学生提供学习资源包，学习资源包要多以教学视频为主要形式，也可以根据教学内容选择与教学知识点相关的微视频、图片、讲义、课堂测试、学习指南等模块。② 学生课前利用教师下发的学习资源包自学，自主规划学习内容、学习时间、学习节奏。教学微视频是主要教学手段。日语教学中的语法知识点非常适合制作教学视频进行翻转教学活动。比如，日语的自动词、他动词、日语的拟声拟态词，授受表达、使役表达、敬语表达、被动语态等，对这类日语学习

① 赵碧琼．翻转课堂在高级日语课程教学中的应用［J］．新课程研究，2022（12）．

② 金盛爱．翻转课堂融入高校日语课堂教学中的探索［J］．才智，2020（08）．

中的重点、难点、易错点，如果教师在课堂上满堂灌的灌输这些内容，学生不仅感到枯燥，理解上也有很大困难，而且占用课堂很多时间。还包括句型的基本含义，接续方法，句型造句与辨析、练习作业等。但如果引进翻转教学，教师能够制作易懂有趣的视频，让学生事先通过视频的学习，引导学生探究知识规律，会激发学生的学习兴趣，优化教学效果。

课前学生自主完成学习后，应将疑问和困惑通过微信、QQ、APP 等电子平台方式反馈给教师，教师可以直接线上讨论交流，解答学生的问题或者教师根据学生所反馈的情况再精心制作上课用教学课件，为上好课堂教学而做准备。在课前学习的主体活动者是学生，这是学生知识内化的第一个环节。这个环节里，学生原有的认知开始和新的知识产生联系，学生需要学习新知识的同时，还要完成听音、朗读、初步认知、简单分析、理解、记忆等机械性的训练，这些过程都是初次内化的知识。学生在自学过程中，观看视频的次数、侧重点、速度由学生自主选择，完成信息的主动加工。当遇到难以理解的知识点时，可以随时反复观看视频，也可借助网络上广阔的教育资源拓展思维、还可以在电子交流平台上与同学、教师交流讨论。课前教师还要通过网络系统，检查学生学习任务完成的情况，充当监督者和信息收集者，并判断预设的教学内容重点、难点与学生自学情况的契合度，以便调整课堂中的教学指导重点。

2. 课堂

在日语课堂教学过程中，教师和学生一起完成教学任务的答疑解惑、协作探究、辨析讨论和互动交流等活动。教师留出更多的时间引导学生积极思考，来帮助学生完成知识的第二次内化，即巩固知识，理解、掌握知识。教师的角色从以往的知识传授者变成课堂教学的设计者、组织者，引导者。学生变成课堂的主体。通过课堂师生、生生互动交流，了解学生日语语言知识的掌握程度。

教师在设计课堂活动时，根据日语课程内容预设问题，或者以学生课前自主学习中产生的疑惑总结问题为出发点，鼓励学生进行合作学习、探究式学习。如准确理解语言内涵，分析语言规律，创设活用语言语境，鼓励学生积极开展语言实践。在教师指导下，组织建立讨论学习小组，加强学生间的交流，在探究问题时，可采取自主探究和小组协作相结合的方式。也可在组内设计特定学习讨论任务，要求学生积极参与，尽自己所能完成任务，教师可采取启发式和个性化指导。课堂教学是第二次知识内化环节，因此日语教学中完全可以摒弃翻译法而采用直接法教学，尤其提问式教学有很强的目的性，这将对学生日语技能的训练更有意义的同时学习效率会更高。日语翻转课堂的最大特点是有限的课堂时间内有效地组织进行课堂学习活动，充分利用课堂时间实现学生知识内化效益的最大化。

3. 课后

日语翻转课堂教学模式中，课后学生和教师的交流也是重要的一个环节。课后教师通过网络交流平台，补充相关教学内容，总结整体教学过程。学生通过作业复习，再一次巩固课上所学知识点。教师通过交流平台了解学生掌握知识的情况，做作业时遇到的问题等，并再次为学生答疑。总之，教师要认真总结和深入探讨学生在课堂上的知识收获与缺漏，以便在下一次翻转课堂教学中带给学生更好的学习效果。

第四节　雨课堂与日语教学

一、雨课堂概述

（一）雨课堂概念

雨课堂是学堂在线和清华大学在线教育于2016年共同研发的一款基于微信的智慧学习平台。从终端上讲，雨课堂分为教师端和学生端，教师端软件是以插件形式嵌入PowerPoint软件中的，教师通过扫描二维码把PPT和雨课堂连接起来。学生也可以通过扫描二维码，在手机上查看课件、做习题、对教学内容进行反馈提问等。[①]

（二）雨课堂优势

雨课堂的优势如下：

第一，使用方便，可行性大。雨课堂对于师生来讲是一款简单易行的工具。不需要复杂程序的学习，只需嵌入到PPT中，利用微信，即可轻松完成线上线下混合式教学。

第二，学生互动丰富，能够实现翻转课堂。雨课堂中，教师可以随机点名，学生可以实时答题、发送弹幕进行讨论，对不懂的PPT可以点击不懂，进行投稿等等。在课堂的多个环节都可以实现翻转课堂，既提高了学生的积极

① 杨阳. 基于雨课堂的基础日语课程教学设计［J］. 课程教育研究，2020（26）.

性，又方便了教师实时把握学生的学习状况。

第三，每次课程结束后，雨课堂都会出具一份课程报告，教师通过点击查看，可以清楚地了解学生的学习状况，比如习题的解答情况，对 PPT 内容不懂的学生数量等。因此雨课堂的数据分析报告有利于教师在课下及时进行教学情况的分析和反思，从而改善自己的教学。

二、雨课堂在日语教学中的应用

（一）雨课堂在日语教学中应用存在的问题

1. 日语课程教学资源不足

对混合式教学而言，课前教学资源的推送极其重要。但目前关于日语教学的优质慕课资源较少，适用于高级日语阶段的资源则更为稀缺。以学堂在线为例，和日语相关的课程只有 9 门，且均只适用于初级阶段。而优酷等视频网站的日本动漫、影视等素材，则必须经过严格的筛选和加工，才能用于日语教学。建设适用于高级日语阶段的网络教学资源库，是一个系统工程，需要多位日语教师一起努力

2. 雨课堂功能仍有待完善

雨课堂在推出后不断改进，但从日语教学角度而言，其功能仍有待完善。以 2018 年 11 月 14 日更新的 3.0 版本为例，其视频插入功能只支持优酷、腾讯、哔哩哔哩等网站的视频上传。教师自己制作的日语学习视频或微课视频，必须先上传至这些网站之后才能插入到雨课堂中。发送 Word 等格式的补充材料也有不便之处。在雨课堂的功能进一步完善之前，可以通过微信群、微信公众号等途径进行弥补。

3. 手机使用自身问题

雨课堂将影响学习的因素——手机转变成了学习的工具。但在课堂教学中实施雨课堂授课时，学生手机全程在线，其注意力是否会被手机分散，是有待商榷的问题。另外，雨课堂模式下，学习和输入均是通过狭小的手机界面完成，容易造成学生的疲倦感，教师必须把握好学习时长和知识量。

在互联网和教育信息技术飞速发展的时代背景下，混合式教学已经成为不可逆转的趋势。雨课堂基于微信和 PPT，通过互联网覆盖了课前—课堂—课后各个环节，并可以提供全周期的数据分析。以最简便的方式，推动了混合式教学、多通道互动和形成性评价，已经成为教学改革的利器。作为一线教师，必须继续探索并完善以雨课堂为代表的混合式教学模式，结合传统教学的优势，

持续推进教学改革，提高教学效果。

（二）基于雨课堂的日语课程教学模式

1. 课前预习

高级日语课程作为日语专业高年级的核心课程，涉及的语言知识之多，文化背景之广，是其他课程无法比拟的。例如，每课新出现上百词汇，10个左右的语法点，课文内容更是涉及社会、文化、历史、语言、文学等多方面的背景知识。仅依靠每周4学时的课堂教学，很难完成教学任务。而从学生角度看，经过两年的学习，不仅具备了一定的语言知识储备和阅读能力，也初步掌握了日语学习方法。在这种情况下，有必要且有条件将部分教学内容转移到预习环节完成。教师在课前利用推送课件功能，将词汇和部分语法知识以PPT形式推送给学生。学生通过课件自学，可以在不理解的PPT上点击“不懂”，并通过习题自测。教师在课上根据学生掌握情况，选取难点进行精讲。“预习+精讲”模式能够大幅度减少语言知识讲授时间，在提高教学效率的同时，逐渐培养学生的自学能力。雨课堂中有插入慕课视频和网络视频选项，教师可以选取相关的慕课、社会文化视频等内容推送给学生。目前雨课堂支持清华大学学堂在线的慕课推送，以及优酷、腾讯、哔哩哔哩等主流媒体的视频格式。慕课和视频通过真实生动的画面，展现了教师课堂语言讲解所无法体现的跨文化交际场景。在增加趣味性的同时，将文化教学和试听教学融为一体，在语言学习中培养学生的跨文化交际能力。

2. 全面互动的课堂教学

日语课程的教材文章较长，且多以书面语为主，内容较深，学生学习兴趣不高。即使在课堂中导入了小组讨论、发表等环节，但由于时间限制，学生没有全员发言的机会。[①] 在调动学生语言输出，培养思辨能力、文学赏析能力等方面存在不足。雨课堂为课堂互动提供了新途径。师生的手机和投影屏幕通过网络连接到一起，教师的手机可以变身为遥控器，通过线上互动调动学生积极性。

雨课堂模式下，PPT课件会同步至学生手机。学生对不理解的知识点进行标记，教师就会收到提示，从而随时调整教学进度，针对重点难点有效讲解。学生可以利用投稿功能，把例句、观点等内容以文字或照片形式发送至教师手机。教师点击“投屏”即可将学生投稿投放到大屏幕。促进学生分享学习成

---

① 王雅楠．基于雨课堂的高级日语课程混合式教学模式探索［J］．科学咨询（科技·管理），2019（03）．

果，交流思想。笔者在教学中尝试了由学生分组合作，通过思维导图，整理文章内容和主题。各小组画出思维导图后，拍摄照片投稿。通过动手实践，提高了学生的阅读理解能力和文学赏析能力。教师还可以开启弹幕功能，以便学生发送弹幕表达自己的观点，主动参与课堂教学。

雨课堂还有即时测验功能。教师提前在课件中插入习题，课堂上可以随时发送至学生手机。学生通过手机端答题提交，系统会自动得出评价结果。目前雨课堂已经实现了单选题、多选题、投票等的批量导入，并具有主观题输入功能。教师可以通过课堂测验，确认学生掌握情况，并即时讲解反馈。

3. 课后复习和延伸

利用雨课堂，课后可以成为课堂教学的有效巩固和延伸。课堂教学结束后，PPT 课件会保存在雨课堂中。学生可以随时利用手机查看复习，并根据自己的掌握情况，通过评论、私信等途径提问，教师针对学生提问进行一对一的辅导和答疑。教师可以推送具有针对性的复习题，学生利用课余时间作答，巩固课堂教学效果。

教师还可以在讨论区中提出拓展话题，学生自由发表意见，促进师生、生生之间的讨论交流，培养学生思辨能力。

4. 大数据基础上的教学评价

目前多数院校的精读课程考核形式仍以期末笔试为主，题型多是选择、阅读理解、翻译、写作等内容。即使设置了一定比例的平时成绩，但教师在繁忙的工作之余，难以抽出时间逐一记录学生表现，平时成绩多流于形式，缺乏客观性。既不能全面考核学生的日语运用能力，更无法体现学生的学习过程，教学评价与教学目标严重脱节。

雨课堂会自动保存课前预习、课堂教学、课后复习的所有数据，为建立多元化评价体系提供了基础。课件预习情况、课堂中发送的弹幕、投稿、随堂测试的成绩、讨论区中的发言等原始数据，构成了电子版的学生学习档案，既可用于教师对学生的形成性评价，又可用于学生自我评价，从而改变单一的终结性评价和教师评价模式，引导学生养成自我管理学习的良好习惯。

参考文献

[1] 阿依努尔．翻转课堂下的日语教学模式初探［J］．试题与研究，2020（32）．

[2] 曹大峰，林洪总．日语教学法的理论与实践［M］．北京：高等教育出版社，2015.

[3] 陈唯．教育生态视域下高校日语教学研究［M］．北京：现代出版社，2019.

[4] 程青，张虞昕，李红艳．日语教学理论与实践模式研究［M］．长春：吉林人民出版社，2019.

[5] 崔丽霞．慕课的混合式教学模式在高级日语课程中的应用研究［J］．陕西教育（高教），2020（12）．

[6] 丁尚虎，赵宏杰．社会语言学与日语教学研究［M］．上海：上海交通大学出版社，2019.

[7] 董奎玲，孙瑞雪，杨宇．日语思维与教学研究［M］．北京：新华出版社，2014.

[8] 董艳燕．日语教学理论与实践研究［M］．成都：四川大学出版社，2018.

[9] 凡素平．情境教学法在日语教学中的应用研究［M］．北京：北京日报出版社，2018.

[10] 高逸群．翻转课堂在高校基础日语教学中的应用［J］．科技资讯，2021，19（27）．

[11] 郭晓雪．互联网+时代的日语教学模式探究［M］．北京：北京工业大学出版社，2019.

[12] 胡倩．慕课背景下的高校日语课程改革［J］．闽南师范大学学报（哲学社会科学版），2019，33（01）．

[13] 黄丽．情境教学法在大学日语教学中的运用［J］．智库时代，2019（52）．

[14] 金盛爱．翻转课堂融入高校日语课堂教学中的探索［J］．才智，2020

(08).
[15] 李瑾．建构主义教学理论在日语教学中的应用［J］．考试周刊，2018 (15).
[16] 李明姬．日语教学与思维创新研究［M］．成都：西南交通大学出版社，2017.
[17] 李星．日语文化教学研究［M］．北京：北京工业大学出版社，2020.
[18] 栗霞，曲朝霞．认知语言学视角下的日语教学策略［J］．大家，2010 (16).
[19] 林凤英．论翻转课堂教学模式在高校综合日语教学中的应用［J］．产业与科技论坛，2020，19 (01).
[20] 刘倩．慕课背景下日语教学改革初探［J］．亚太教育，2015 (11).
[21] 吕萍．翻转课堂在日语教学中的应用研究［J］．教育教学论坛，2020 (11).
[22] 罗春霞．探析慕课对日语课程设置的启发性研究［J］．才智，2017 (22).
[23] 马志颖．当代课程与教学论［M］．上海：上海交通大学出版社，2020.
[24] 毛执剑，皮文昊．浅谈翻转课堂教学模式在高校综合日语教学中的应用［J］．文化创新比较研究，2020，4 (01).
[25] 宁雅南．文化视角的日语教学研究［M］．武汉：湖北科学技术出版社，2016.
[26] 潘娜，赵原．日语教学理论与实践研究［M］．西安：西安交通大学出版社，2016.
[27] 朴南英．基于慕课的日语课程教学改革研究［J］．作家天地，2020 (24).
[28] 宋艳军，彭远，凡素平．全球化语境下的日语文化教学研究［M］．青岛：中国海洋大学出版社，2019.
[29] 孙鹏．慕课背景下日语课堂教学改革探索［J］．智库时代，2019 (11).
[30] 唐磊．日语教学论［M］．南宁：广西教育出版社，2019.
[31] 王珏，胡雅楠，张研．现代高校日语教学与跨文化交际融合研究［M］．长春：吉林出版集团有限责任公司，2021.
[32] 王宁．日语教学策略与创新思维探究［M］．北京：北京工业大学出版社，2019.
[33] 王琪．日语教学理论及策略［M］．北京：外语教学与研究出版社，2017.